ARNO WELLE

In universalibus pretium succedit in locum rei, res in locum pretii

Schriften zur Rechtsgeschichte

Heft 40

In universalibus pretium succedit in locum rei, res in locum pretii

Eine Untersuchung zur Entwicklungsgeschichte der dinglichen Surrogation bei Sondervermögen

Von

Dr. Arno Welle

Duncker & Humblot · Berlin

CIP-Kurztitelaufnahme der Deutschen Bibliothek

Welle, Arno:
In universalibus pretium succedit in locum rei, res in locum pretii: e. Unters. zur Entwicklungsgeschichte d. dingl. Surrogation bei Sondervermögen / von Arno Welle. – Berlin: Duncker u. Humblot, 1987.
(Schriften zur Rechtsgeschichte; Bd. 40)
ISBN 3-428-06267-1

NE: GT

Satz: Klaus-Dieter Voigt, Berlin 61
Druck: Berliner Buchdruckerei Union GmbH, Berlin 61
Printed in Germany

ISBN 3-428-06267-1

Meinen Eltern

Vorwort

Diese Arbeit hat im Sommersemester 1986 der Fakultät für Rechtswissenschaft der Universität Mannheim als Dissertation vorgelegen.

Die Anregung zu dieser Untersuchung erhielt ich von meinem verehrten Lehrer, Herrn Professor Dr. Karl-Heinz Schindler, der mich in die rechtshistorische Forschung eingeführt hat und dem ich für vielfältige Förderung und Unterstützung zu herzlichstem Dank verpflichtet bin.

Ebenfalls danken möchte ich Herrn Ernst Thamm für die Aufnahme der Arbeit in die Schriftenreihe zur Rechtsgeschichte.

Rödersheim-Gronau, im März 1987

Arno Welle

Inhaltsverzeichnis

§ 1 Einleitung

Unter den überlieferten Rechtsregeln gibt es nur wenige, die ein so wechselreiches Schicksal in Dogmatik und Gesetzgebung, eine so verschiedene Beurteilung in Literatur und Rechtsprechung erfahren haben, wie das Brocardicum *„pretium succedit in locum rei, res in locum pretii“*.

In dieser Form den römischen Quellen als Rechtssatz unbekannt, im Anschluß an Glosse und Kommentatoren in der älteren gemeinrechtlichen Doktrin ausgebildet und als allgemeine Wahrheit gepriesen, von der Pandektistik des 19. Jahrhunderts aus der Wissenschaft verbannt, errang die Parömie bei den Vätern des BGB in einigen Fällen erneut Anerkennung und Bestätigung.

Ganz allgemein dient sie zur Kennzeichnung einer Erscheinung, die uns verstreut über das gesamte Rechtsgebiet in einer Vielzahl von Fällen begegnet, daß nämlich „dasjenige, was sich rechtlich aus einer Sache entwickelt, was . . . an die Stelle dieser Sache tritt, in gewissen Beziehungen in dieselbe Rechtslage gerät, in der sich die ursprüngliche Sache befand.“[1]

In der Rechtsgeschichte kehrt – bis zur Entstehung des BGB – allerdings nur ein Anwendungsfall dieses sogenannten „Grundsatzes der Surrogation“ wieder: Überall, wo ein Vermögensinbegriff, eine *universitas iuris,* vorliegt, stellt sich die Frage, ob eine Surrogation in dem Sinne zur Anwendung kommt, daß das Surrogat eines zum Vermögensganzen gehörenden Gegenstandes seinerseits wieder zum Bestandteil dieses Vermögensganzen wird.[2] Allein in dieser Anwendung, als eine für Vermögensinbegriffe und nur für diese allgemeingültige Regel, wird die Formel in der gemeinrechtlichen Literatur angeführt in der Fassung: *„in universalibus* (bzw. *in iudiciis universalibus) pretium succedit in locum rei, res in locum pretii.“*[3]

Seinem Wortlaut nach besagt der Satz zunächst folgendes: Der Kaufpreis, den jemand für die Veräußerung einer Sache erhält, fällt in das Vermögen, dem die veräußerte Sache entstammte, während ebenso die Sache, die jemand käuflich erworben hat, zu dem Vermögen gehört, dem der Kaufpreis entnommen war.[4]

---

[1] Windmüller, S. 1.

[2] Windmüller, S. 2.

[3] Vgl. nur Liebs, Rechtsregeln, S. 161 (Nr. 93), S. 190 (Nr. 53); Strauch, S. 19.

[4] Beyer, S. 5.

Teils erweitert, teils eingeschränkt ist diese Regel auch enthalten in dem Satz: „*surrogatum sapit naturam eius, in cuius locum surrogatum est.*“[5]

Eine Erweiterung gegenüber der „*pretium succedit*“-Formel liegt insofern vor, als nach ihm nicht nur der Erwerb infolge eines Kaufes, sondern auch aufgrund anderer Umsatzgeschäfte betroffen wird und er darüber hinaus sowohl einen Erwerb durch Rechtsgeschäft, als auch durch Gesetz mitumfaßt.[6]

Als Beschränkung gegenüber der „*pretium succedit*“-Regel kann der Satz insoweit angesehen werden, als er nur zum Ausdruck bringt, daß der erworbene Gegenstand die „Natur“ des veräußerten annimmt, dagegen nicht, daß er ihn auch vollständig insoweit ersetzt, als dem Vermögensträger keine weiteren Ansprüche wegen der Veräußerung des ursprünglich zu seinem Vermögen gehörenden Gegenstandes zustehen.[7]

Diese beiden Rechtsregeln haben als Modell des Surrogationsbegriffs gedient.

Die vorliegende Untersuchung soll dazu beitragen, Herkunft, Geschichte und gegenwärtigen Stellenwert des „Grundsatzes der Surrogation“ zu klären. Die angedeutete historische Entwicklung legte es dabei von vornherein nahe, Bedeutung und Anwendungsfälle der Surrogation bei Vermögensinbegriffen in den Mittelpunkt der Betrachtung zu stellen.

Hierbei beschränkt sich die rechtsgeschichtliche Darstellung jeweils auf die Schwerpunkte der Entwicklung, um auf diese Weise einerseits die Kontinuität im Blick behalten und andererseits den exegetischen Charakter der Arbeit bewahren zu können.

Bevor wir uns jedoch der entwicklungsgeschichtlichen Betrachtung zuwenden, soll vorab in einem einführenden Abschnitt der Begriff der Surrogation, ihre Bedeutung und Rechtsnatur näher bestimmt werden.

---

[5] Vgl. nur Liebs, Rechtsregeln, S. 204 (Nr. 87); Strauch, S. 19.

[6] Beyer, S. 6.

[7] Beyer, S. 6.

§ 2 Grundsätzliches zur Surrogation

I. Wort und Begriff

1. Das Wort Surrogation

Das Wort Surrogation[1] ist ein angeglichenes lateinisches Fremdwort. Im klassischen Latein von *Cicero*[2] und *Livius*[3] bedeutet *subrogare*: an Stelle eines Amtsträgers, der infolge besonderer Umstände vor Ablauf seines Amtsjahres aus dem Amt geschieden ist, einen anderen wählen; *Ulpian*[4] gebraucht das Wort im Sinne von „ein Ergänzungsgesetz geben".

Erst der spätlateinische und mittelalterliche Sprachgebrauch gab dem Wort *subrogare* allgemeinere Bedeutung und bezeichnete mit ihm nicht nur die Ersatzwahl von Beamten, sondern überhaupt das Einsetzen einer Person an Stelle einer anderen.[5] Schon einzelne Juristen der klassischen Epoche, besonders aber spätere, haben das Wort in diesem Sinne gebraucht.[6] Aus diesem Sprachgebrauch hat das kanonische Recht den juristisch-technischen Begriff der *subrogatio* entwickelt, wie er der französischen Lehre von der *subrogation personelle* zu Grunde liegt.[7]

Jedenfalls erscheint das Wort *subrogare* in den Quellen des klassischen römischen Rechts nicht in der besonderen Bedeutung des ersatzweise eingebrachten Rechtsgegenstandes, den es später gewann. Die Digesten gebrauchen hierfür in D. 23, 3, 25 den Ausdruck *permutatio*, in anderen Stellen ist von *substituere*[8] und in D. 5, 3, 22 – der Stelle, auf die man später vorwiegend die *„pretium succedit"*-Formel stützte – von *succedere* die Rede. Zur Bezeich-

---

[1] Vgl. zur Etymologie Waller, S. 2 (Fn. 1) und Strauch, S. 18.

[2] Georges II, *subrogare*; Cicero, de re publica II, 55: *„Itaque Publicola lege illa de provocatione perlata statim securis de fascibus demi iussit, postridieque sibi collegam Sp. Lucretium subrogavit, suosque ad eum quod erat maior natu lictores transire iussit, . . ."*

[3] Georges II, *subrogare*.

[4] Ulp. lib. sing. regul. I, 3: *„Lex aut rogatur, id est fertur, aut abrogatur, id est prior lex tollitur, aut derogatur, id est pars primae legis tollitur, aut subrogatur, id est adicitur aliquid primae legi, aut obrogatur, id est mutatur aliquid ex prima lege . . ."*

[5] Waller, S. 2 (Fn. 1).

[6] Heumann / Seckel, *subrogare*; siehe auch D. 27, 1, 31 (*„in loco tertiae tutelae quarta subroganda"*); D. 6, 23, 28, 4 (*„illis tertibus separatis alios subrogari"*); C. Th. 6, 4, 12 (*„alii in eorum locum, qui eadem dignitatem subsortiti fuerant, subrogatur"*) C. Th. 6, 4, 21, 2 (*„in subrogandis certis quibus in diem functorum locum ordo teneatur"*).

[7] Waller, S. 2 (Fn. 1); siehe hierzu auch unten S. 81 (Fn. 3).

[8] Heumann / Seckel, *substituere*, m. w. N.

nung des Ersatzes eines Gegenstandes durch einen anderen findet es sich erst bei den Kommentatoren in dem bereits zitierten Satz: *„surrogatum sapit naturam eius, in cuius locum surrogatum est“*.[9] Hier hat es sich vornehmlich bei den Untersuchungen über die *universitates iuris* und *universitates facti*, den Rechts- und Sachgesamtheiten, als juristischer *terminus technicus* herausgebildet.[10] Erst zu Beginn des 18. Jahrhunderts findet man das Wort mit seinen Ableitungen befreit von der fachlichen Gebundenheit in der Form „Surrogat“ als allgemeine Bezeichnung für „Ersatz“, „Ersatzstoff“, während der Ausdruck „Surrogation“ nach wie vor als juristischer Fachausdruck weiterlebt.[11]

2. Der Begriff der Surrogation

Ist auch das Wort Surrogation heute im Sinne von „Ersetzung“ in der Rechtssprache durchaus geläufig, so wird es doch in seinem Bedeutungsumfang so wenig einheitlich verstanden, daß man es kaum als geschlossenen Rechtsbegriff ansehen kann.

Es sei nur auf die in der Literatur sich findenden verschiedenen Benennungen und Unterscheidungen wie „echte“[12] und „unechte“[13] Surrogation, „dingliche“[14] und „obligatorische“[15] Surrogation, „absolute“[16] und „relative“[17] Surrogation, „Ersatzsurrogation“[18], „gegenständliche“[19] Surrogation, „gesetzliche“[20] und „rechtsgeschäftliche“[21] Surrogation, „objektive“[22] und „subjektive“[23] Surrogation, „Universal“-[24] und „Singular“- oder „Spezialsurrogation“[25], „unmittelbare“[26] Surrogation und „Zwecksurrogation“[27] hingewiesen, Begriffe, die die Vielfalt der vor allem im Zusammenhang mit der Surrogation

---

9 Kohler, Vermögen, S. 4; Waller, S. 5.
10 Waller, S. 3 (Fn. 1).
11 Strauch, S. 18.
12 Unger, S. 21 ff.
13 Windmüller, S. 8 ff; Buhrow, S. 9, 114 f., Unger, S. 24 f.
14 Beyer, S. 7; Buhrow, S. 13.
15 Genner, S. 40 f.
16 Beyer, S. 7; Buhrow, S. 13.
17 Beyer, S. 7.
18 Faber, Vermögensmassen, S. 240 ff.
19 Beyer, S. 7.
20 Waller, S. 26; Thiele, S. 13; Feist, S. 21; Lappe, S. 7.
21 Thiele, S. 13; Neuhaus, S. 3; Waller, S. 26; Beyer, S. 7.
22 Feist, S. 22.
23 Feist, S. 21 f.
24 Wengler, S. 464.
25 Wengler, S. 464.
26 Strauch, S. 21.
27 Faber, Vermögensmassen, S. 257 ff.

bei Vermögen und Sachgesamtheiten erörterten Fragen nur anzudeuten vermögen.[28]

Jede Bestimmung des Surrogationsbegriffes muß jedoch von der Erkenntnis ausgehen, daß das Merkmal des Ersatzvorganges allein keine ausreichende Grundlage für eine begriffliche Zusammenfassung der zahlreichen rechtlichen Ersatzvorgänge darstellt und daß nur solche Rechtsvorgänge dieser Art mit Surrogation bezeichnet werden dürfen, welche nicht schon durch andere Rechtsbegriffe gedeckt sind. Würde man den Begriff Surrogation so weit fassen, daß er auch Tatbestände umfaßte, für welche bereits andere Rechtsbegriffe ausgebildet worden sind, so wäre er überflüssig.

Der Surrogationsbegriff soll daher folgendermaßen begrenzt werden:

Surrogation ist der unabhängig vom Willen eines Vermögensinhabers erfolgte Erwerb bzw. Eintritt eines Gegenstandes in ein Vermögen durch[29] das Ausscheiden eines anderen Gegenstandes aus diesem Vermögen.[30]

Uns interessieren allerdings in erster Linie die Fälle der „dinglichen" Surrogation; nur sie soll grundsätzlich als Surrogation bezeichnet werden. Für sie ist kennzeichnend, daß durch das Ausscheiden eines Gegenstandes aus einem Vermögen ein anderer Gegenstand in dasselbe Vermögen unmittelbar eintritt, während demgegenüber bei der sogenannten „obligatorischen" Surrogation[31] der Vermögenseigner, dessen Vermögen der ausgeschiedene Gegenstand angehört hat, nicht unmittelbar den zu erwerbenden Gegenstand, sondern nur den Anspruch auf dessen Übertragung erlangt (vgl. etwa §§ 281, 816 I 1 BGB). In diesem Sinne kennt das BGB (dingliche) Surrogation z. B. in den §§ 2019 und 2111.[32]

Nicht mit Surrogation bezeichnet werden sollen demgegenüber

a) die Fälle des gesetzlichen Eigentumsübergangs, in denen kein ursächlicher Zusammenhang zwischen dem Ausscheiden des bisherigen und dem Eintritt des neuen Gegenstandes in das betreffende Vermögen besteht. Hierher gehören z. B. die Fälle der §§ 1370, 588 II 2, 1048 I 2 BGB. Es fehlt hier bereits daran, daß der Inhaber des Vermögens einen Erwerb mit Mitteln desselben macht, denn der Ehegatte, Pächter, Nießbraucher erwirbt die neuen

---

28 Wecker, S. 1 f.; Strauch, S. 21.

29 Das Wort „durch" bezeichnet hierbei nicht die juristische Erwerbsform, sondern den Kausalzusammenhang im Sinne von Leistung und Gegenleistung. Denn ein Gegenstand wird nicht durch einen anderen Gegenstand erworben, sondern entweder durch die Willenserklärungen der Parteien oder kraft Gesetzes.

30 Ebenso Beyer, S. 7.

31 Vgl. zur obligatorischen Surrogation Wolf, S. 645.

32 Eine umfassende Tabelle aller gesetzlichen Surrogationsfälle findet sich bei Strauch, S. 24 ff.

Gegenstände mit eigenen Mitteln und nicht mittels der alten Stücke. Daher ist es sinnvoller, in diesen Fällen von einem „gesetzlichen Eigentumserwerb an Ersatzstücken einer Sachgesamtheit“ als von Surrogation zu sprechen.[33]

b) die Fälle, in denen ein Rechtsgeschäft sich objektiv und subjektiv auf ein Vermögen beziehen muß, um einen Erwerb in dieses herbeizuführen.[34] Da es hier auch auf den Willen der den Erwerb tätigenden Person ankommt, mithin diese den Erwerb dem betreffenden Vermögen „widmen“ muß, sollen diese Fälle als „Bewidmung“ bezeichnet werden.[35]

Dagegen kann der Surrogationserwerb sowohl ein gesetzlicher (z. B. Ersatzansprüche für die Zerstörung, Beschädigung oder Entziehung eines Vermögensgegenstandes) als auch ein rechtsgeschäftlicher (rechtsgeschäftlicher Erwerb mit Mitteln des Vermögens) sein.

II. Die Bedeutung der Surrogation

Fragt man nach der Bedeutung der Surrogation, so lassen sich eine rechtliche und eine wirtschaftliche Bedeutung unterscheiden.

1. Die rechtliche Bedeutung der Surrogation

Um die rechtliche Bedeutung der Surrogation zu erfassen, muß man zunächst wiederum zwischen zwei Fallgestaltungen differenzieren; einmal dem Fall, daß eine Person ein eigenes Vermögen besitzt und daneben ein einer anderen Person (bzw. anderen Personen) gehöriges Sondervermögen (fremdes Sondervermögen), wie z. B. der vermeintliche Erbe als Besitzer sowohl seines eigenen Vermögens als auch der dem Erben oder der Erbengemeinschaft gehörenden Erbschaft.

Hiervon ist der Fall zu unterscheiden, daß eine Person zwei ihr gehörige Vermögen, nämlich ein allgemeines und ein Sondervermögen besitzt (eigenes Sondervermögen), wie etwa der Vorerbe als Eigentümer seines allgemeinen Vermögens und der Vorerbschaft.

In beiden Fällen ist die Bedeutung der Surrogation eine verschiedene. Der Grund hierfür liegt darin, daß begrifflich immer nur eine Person erwerben kann und niemals ein Vermögen, es sei denn, daß das Vermögen, wie z. B. eine Stiftung, Rechtspersönlichkeit besitzt.

a) Macht der Verwalter eines fremden Vermögens mit dessen Mitteln einen Erwerb im eigenen Namen, so fällt nach allgemeinen Grundsätzen der erwor-

---

[33] Im Anschluß an Waller, S. 90 ff.

[34] Hierzu sogleich S. 18f.

[35] In Anlehnung an Kohler, Vermögen, S. 14.

bene Gegenstand in das dem Erwerber gehörige allgemeine Vermögen. Soll der Verwalter für das von ihm verwaltete, einer anderen Person gehörige Sondervermögen erwerben, so müßte er nach allgemeinen Grundsätzen über Stellvertretung und Willenserklärungen als Stellvertreter des Vermögenseigners handeln. Maßgebend wäre der zum Ausdruck gebrachte rechtsgeschäftliche Wille.

Die der Vermögenserhaltung dienende Surrogation, auf diesen Fall angewendet, bewirkt, daß der Wille und die Willenserklärungen des Erwerbers im Gegensatz zu den allgemeinen Grundsätzen des BGB nicht maßgebend sind, daß vielmehr immer dann, wenn der Verwalter ein Erwerbsgeschäft in dem Sinne vornimmt, daß durch das Ausscheiden eines Gegenstandes aus dem Sondervermögen ein anderer Gegenstand erworben werden soll, dieser Gegenstand mit der Erfüllung des Erwerbsgeschäfts kraft Gesetzes dem Eigentümer des Sondervermögens erworben wird (§ 2019 BGB).

Die Surrogation führt also in diesem Fall einen Rechtserwerb einer Person herbei und bedeutet eine Ausnahme von den allgemeinen Vorschriften über Willenserklärungen und Stellvertretung.

b) Anders die Fälle, in denen eine Person zwei eigene Vermögen besitzt. Hier kommt immer nur diese eine Person als Erwerber in Betracht. Für die Frage des Erwerbes als solchen ist es daher gleichgültig, daß die erwerbende Person Eignerin zweier Vermögen ist.

Da das Rechtssubjekt beider Vermögen dasselbe ist, können für die Frage, ob ein Erwerb dem einen oder anderen Vermögen zufällt, die allgemeinen Regeln über Stellvertretung keine Anwendung finden. Folglich kann hier auch die Surrogation nicht eine Ausnahme von diesen bedeuten. Hat vielmehr der Eigentümer zweier Vermögen nach den allgemeinen Regeln einen Erwerb gemacht, so kann es sich nur noch darum handeln, ob der von der Person gemachte Erwerb dem allgemeinen oder dem Sondervermögen zufällt. Nach allgemeinen Regeln wäre grundsätzlich der bekundete Wille des Vermögenseigners hierfür maßgebend.

Die Surrogation, auf diesen Fall angewendet, bewirkt, daß der Wille und die Willenserklärungen des Vermögenseigners im Gegensatz zu den allgemeinen Grundsätzen des BGB nicht maßgebend sind, daß vielmehr immer dann, wenn der Vermögenseigner durch das Ausscheiden eines Gegenstandes aus dem Sondervermögen einen anderen Gegenstand erworben hat, dieser erworbene Gegenstand kraft Gesetzes dem Sondervermögen zufällt (§ 2111 BGB).

Die Surrogation bedeutet also auch in diesem Fall eine Ausnahme von den allgemeinen Vorschriften über Willenserklärungen, nicht aber von denen über Stellvertretung. Sie führt hier nicht einen Rechtserwerb herbei, sondern bestimmt, ob ein von dem Eigentümer zweier Vermögen gemachter Erwerb in das Sondervermögen oder in das allgemeine Vermögen desselben fällt.

c) Daneben gibt es aber noch eine dritte – bisher nicht berücksichtigte – Fallgestaltung: Jemand ist als einer von mehreren Gesamthändern an einem Sondervermögen beteiligt, wie z. B. der Nachlaß in der Hand von Miterben. Die Surrogation, auf diesen Fall angewendet, hätte zur Aufgabe, einen Rechtserwerb – nämlich einen Erwerb der Gesamthand – herbeizuführen. Sie würde also auch hier eine Ausnahme von den allgemeinen Vorschriften über Willenserklärungen und Stellvertretung bedeuten. Insofern begegnet uns bei den Gesamthandsvermögen in Bezug auf die dingliche Surrogation die gleiche Konstellation wie bei einem fremden Sondervermögen. Allerdings ordnet das Gesetz in keinem der Fälle, in denen Gesamthandsvermögen in Rede stehen, eine Surrogation ausdrücklich in der Form an, daß – wie in den angeführten Beispielen der §§ 2019, 2111 BGB – das wiederum dem betreffenden Gesamthandsvermögen zufällt, was mit Mitteln desselben erworben wird. Vielmehr geht es davon aus, daß zu dem entsprechenden Gesamthandsvermögen gehören soll, was durch ein sich hierauf beziehendes Rechtsgeschäft erworben wird (§ 2041 BGB).

Hinsichtlich der Auslegung dieser Umschreibung, die uns auch außerhalb der Gruppe der Gesamthandsvermögen begegnet,[36] herrscht jedoch Streit.

Die eine Meinung entnimmt ihrem Wortlaut, daß in jedem Fall zweierlei vorliegen müsse, nämlich zum einen, daß das Rechtsgeschäft objektiv mit dem Sondervermögen in Verbindung gebracht werden könne, ein gegenständlicher Zusammenhang zwischen dem Erwerb und dem Sondervermögen bestehe, und zum anderen, daß der Handelnde den Willen habe, für das Sondervermögen zu erwerben.

Die überwiegende Rechtsprechung und ein Großteil der Literatur gehen demgegenüber davon aus, daß die Beziehung zum Sondervermögen auch rein objektiv darin bestehen könne, daß ein Gegenstand mit Mitteln des Sondervermögens erworben werde, ohne daß es auf den Willen der Parteien ankäme. Während also die erste Auffassung, da es insoweit immer auch auf den Willen des Handelnden ankommt, einem Rechtsgeschäft, das sich auf das betreffende Sondervermögen bezieht, ausschließlich bewidmenden Charakter zuerkennt, geht die zweite Ansicht, wenn es sich um einen Erwerb mit Mitteln des Sondervermögens handelt, von Surrogation aus.

Weitgehend einig ist man sich lediglich insoweit, daß jedenfalls dann, wenn etwas von außen, also ohne den Einsatz von Mitteln des Sondervermögens, diesem zugeführt werden soll, ein Erwerb in dieses nur stattfindet, wenn der

---

[36] z. B. bei §§ 1418 II Nr. 3, 1638 II BGB.

erworbene Gegenstand in objektiver Beziehung zum Sondervermögen steht und der Erwerber ihn dort einfügen will.

Eine Entscheidung über die soeben angesprochene Streitfrage kann beim jetzigen Stand der Erörterung noch nicht getroffen werden; wir werden später – im Zusammenhang mit der Untersuchung der Materialien zum BGB – hierauf zurückkommen.[37]

Von der Surrogation bei Sondervermögen, wie wir sie gerade beleuchtet haben, ist die Surrogation zu unterscheiden, wie sie das BGB z. B. in § 1247 kennt.

Auch das ist ein Fall der Surrogation im Sinne unserer Definition: Aus dem Vermögen des Pfandeigentümers scheidet das Pfandeigentum aus und an dessen Stelle tritt das Eigentum an dem überschüssigen Erlös.

In diesem und anderen Fällen[38] ist die Surrogation in Beziehung gesetzt weder zu einem bestimmten Sondervermögen noch zu der Frage der gegenseitigen Abgrenzung mehrerer Vermögen, die in der Hand einer Person vereinigt sind.[39] Die Surrogation bezieht sich hier auf bestimmte Einzelfälle, welche gleichmäßig bei allen Vermögen eintreten können und führt jedesmal entgegen den allgemeinen Regeln einen Rechtserwerb herbei.

2. Die wirtschaftliche Bedeutung der Surrogation

Surrogation ist vom Gesetz immer da angeordnet, wo die wirtschaftlichen Bedürfnisse mit den allgemeinen Rechtsgrundsätzen in Widerspruch stehen. Sie ist also eine vom wirtschaftlichen Gesichtspunkt aus unter Durchbrechung der allgemeinen Rechtsgrundsätze getroffene Ausnahmeregel, deren wirtschaftliche Bedeutung darin liegt, daß ein Vermögen, insbesondere ein Sondervermögen, in seinem durch regelmäßige Verwaltung herbeigeführten Stande erhalten wird.[40] Sie bewirkt die wirtschaftliche Geschlossenheit des Vermögens.

Dies gilt nicht nur für die allgemeinen Surrogationsnormen, welche das BGB bei den einzelnen Sondervermögen kennt. Auch die Surrogationsbestimmungen, welche das BGB in einzelnen Sonderfällen nicht in unmittelbarer Beziehung zu Vermögensganzen aufgestellt hat, dienen insoweit – wenn auch nur mittelbar – der Erhaltung des jeweils in Frage stehenden Vermögens.

---

[37] Siehe unten S. 100f.

[38] Ähnlich etwa §§ 966 II, 975, 979 II, 983, 1219 II BGB.

[39] Häufig spricht man hier von „dinglicher Surrogation bei Einzelgegenständen" oder „Singularsurrogation", vgl. Wolf, S. 33.

[40] Wengler, S. 500; Wolf, S. 644 f.; Unzner, S. 831; Schmitt, S. 16 ff.; Raasch, S. 23.

III. Die Rechtsnatur der Surrogation

Die Rechtsnatur der Surrogation läßt sich mit den geläufigen Rechtsbegriffen des bürgerlichen Rechts nicht erklären, andernfalls wäre, wie oben hervorgehoben, der Begriff Surrogation überflüssig.

Zunächst sei dies an Hand von Fällen untersucht, in denen die Surrogation einen Rechtserwerb herbeiführt.

Es könnte sich hier entweder um einen gesetzlichen Eigentums- bzw. Forderungsübergang oder um eine Art Stellvertretung handeln.

Bleiben wir bei dem erwähnten Fall des § 2019 BGB: Der Erbschaftsbesitzer tätigt ein Erwerbsgeschäft mit Mitteln der Erbschaft.

Zunächst ist hervorzuheben, daß die obligatorischen Beziehungen zwischen dem Erbschaftsbesitzer und dem Dritten von der Surrogationsbestimmung nicht beeinflußt werden.[41] Es handelt sich lediglich um die Erfüllung des obligatorischen Geschäfts; kraft Surrogation erwirbt der Erbe bzw. die Erbengemeinschaft das Recht, unabhängig von den Willenserklärungen des Erbschaftsbesitzers und des Dritten.

Hier ist aber zu beachten: Handelt der Erbschaftsbesitzer im Namen des bzw. der Erben oder im Namen eines Dritten, so erwerben die Vertretenen nach den Grundsätzen der Stellvertretung. Nur wenn der Erbschaftsbesitzer im eigenen Namen handelt, tritt Surrogation ein.

Von einem gesetzlichen Forderungsübergang (§ 412 BGB) auf den bzw. die Erben kann man deshalb nicht reden, weil ein solcher voraussetzen würde, daß der Erbschaftsbesitzer, wenn auch nur für einen Augenblick, Forderungsinhaber geworden wäre und nunmehr kraft Gesetzes das Recht auf den bzw. die Erben übergehen würde.[42] Indes liegt das Wesen der Surrogation gerade in der Unmittelbarkeitswirkung.[43] Auch ein gesetzlicher Eigentumsübergang liegt nicht vor, denn ein solcher hat nicht eine Aufopferung von Vermögensgegenständen seitens des Rechtserwerbers zur Voraussetzung.[44]

Da die Surrogation in ihrer Wirkung der direkten Stellvertretung gleichkommt, hat man sie verschiedentlich mit „notwendiger Stellvertretung" bezeichnet.[45] Diese Charakterisierung geht aber deshalb fehl, weil jede Stellvertretung begrifflich voraussetzt, daß der Vertreter den Vertretenen vertreten will und daß dem Dritten dieser Wille ersichtlich ist (§ 164 II BGB). Aus dieser Erkenntnis hat man die Stellvertretung als eine notwendige bezeichnet.

---

[41] Beyer, S. 157.

[42] Wolf, S. 645; Strauch, S. 161.

[43] Beyer, S. 141 ff.; Raasch, S. 63 ff.; Windmüller, S. 80 f., 91 f.

[44] Siehe oben S. 15f.

[45] Windmüller, S. 38.

Jedoch fehlt es eben an den Voraussetzungen einer Stellvertretung. Die Bezeichnung mit „notwendiger Stellvertretung“ ist daher irreführend und nicht begründet.

Somit ist die Surrogation in dem hier gebrauchten Sinne eine Rechtserscheinung besonderer Art, welche sich mit den Begriffen eines gesetzlichen Eigentums- bzw. Forderungsübergangs oder einer Stellvertretung nicht erklären läßt. Neue Rechtsbezeichnungen einzuführen, empfiehlt sich nicht.

Auch in den Fällen, in denen die Surrogation nicht einen Erwerb herbeiführt, sondern einen von einer Person gemachten Erwerb dem einen oder anderen Vermögen dieser Person zuteilt, ist die Surrogation eine Rechtserscheinung besonderer Art. Hier kann von einem gesetzlichen Rechtsübergang oder einer (notwendigen) Stellvertretung nicht die Rede sein, weil nur ein Rechtssubjekt vorhanden ist, dessen Erwerb feststeht. Ein anderes Rechtsinstitut aber, welches den Erwerb einer Person unabhängig von deren Willen einem von mehreren, derselben Person gehörigen Vermögen zuteilt, als dasjenige der Surrogation, kennt das BGB nicht.

Surrogation ist eine Rechtserscheinung besonderer Art schließlich auch in den Fällen, in welchen sie das Gesetz nicht in unmittelbarer Beziehung zum Vermögensganzen aufgestellt hat.

In all diesen Fällen führt die Surrogation – wie oben hervorgehoben – einen Rechtserwerb herbei. Von einem gesetzlichen Rechtsübergang kann auch hier nicht die Rede sein, denn der Berechtigte erlangt – wie etwa in § 1247 BGB – das Recht unmittelbar.

§ 3 Frühe Rechtszustände

Die Surrogation als Rechtsgedanke läßt sich in der Geschichte weit zurückverfolgen.[1]

Das Wirken des Surrogationsgedankens im griechischen Recht hat bereits *Pringsheim* in seiner Untersuchung zum Kauf mit fremdem Geld[2] herausgearbeitet und dazu ausgeführt, daß derjenige, der mit fremdem Geld eine Sache käuflich erwirbt, ein dingliches Recht desjenigen an der Sache anerkennen muß, aus dessen Vermögen das Geld stammt,[3] auch wenn der Kaufvertrag nicht auf letzteren, sondern auf des Vertragsschließenden Namen lautet.[4] Die gekaufte Sache tritt damit an die Stelle des fremden Geldes; seine Herkunft ist wesentlich für den Rechtserwerb.[5]

Diesem Surrogationsgedanken begegnet man überall in irgendeiner Form dort, wo entsprechend griechischer Anschauung der Eigentumsübergang an die Hingabe des Preises gebunden ist.[6]

Aus diesen Feststellungen *Pringsheims*, die in der Literatur zwar nicht unumstritten blieben,[7] sich aber doch weitgehend durchsetzen konnten, haben sich gleichlaufende Entdeckungen in anderen, vorwiegend altorientalischen Rechtsordnungen ergeben, so im altägyptischen[8] und babylonischen[9] sowie im hebräischen[10] Recht.

Den Nachweis des behaupteten Surrogationsprinzips versucht *Pringsheim* zunächst vor allem durch Betrachtung der Reden des *Demosthenes* (u.a. Reden gegen *Lakritos*) zu erbringen, in denen Fälle von Seedarlehen in Frage stehen.[11]

---

[1] Einen kurzen geschichtlichen Rückblick bietet Strauch, S. 18 f.

[2] Pringsheim, Kauf, insbesondere S. 1 – 33; siehe auch Pringsheim, Eigentumsübertragung, S. 333 ff. und Pringsheim, Sale, S. 185, 205 f. sowie Kohler, Rechtserwerb, S. 56 ff.

[3] Pringsheim, Kauf, S. 48, 168 f.

[4] Pringsheim, Sale, S. 205.

[5] Pringsheim, Sale, S. 205.

[6] Pringsheim, Kauf, S. 168.

[7] Vgl. nur Schönbauer, S. 196 m. w. N.

[8] Seidl, Einführung, S. 47; weitere Nachweise bei Claus, S. 17 (Fn.9).

[9] San Nicolò, S. 51; Petschow, S. 125 ff.; weitere Nachweise bei Claus, S. 17 (Fn. 10).

[10] Lévy, S. 157.

Mögen allerdings – wie auch *Pringsheim* zugesteht – die Zeugnisse des *Demosthenes* im Hinblick auf das Vorliegen echter Surrogation noch kein völlig klares Resultat ergeben,[12] weil die angeführten Tatbestände doch verschiedene Ausdeutungen zulassen und nicht mit absoluter Sicherheit feststeht, ob die Haftung der mit dem Seedarlehen gekauften Ware als auf dem Ankauf mit dem geliehenen Geld beruhend gedacht ist oder auf antizipierter Verpfändung,[13] so beeindrucken letztendlich doch die zahlreichen Kaiserreskripten des 3. Jahrhunderts – meist der östlichen Reichshälfte angehörig –, aus denen immer wieder die Rechtsanschauung griechischer Anfrager hervortritt, nach der die gekaufte Sache an die Stelle des Geldes tritt, nach der der Kauf mit fremdem Geld dem Geldeigentümer dingliche Rechte an der gekauften Sache verschafft.

So wird beispielsweise an die Kaiser *Diokletian* und *Maximian* die Frage gestellt, wer beim Kauf mit fremdem Geld Eigentum erwirbt. Die Entscheidung im kaiserlichen Reskript C. 4, 50, 8 lautet entsprechend dem Standpunkt des römischen Rechts dahingehend, daß für den Eigentumsübergang die Tradition der Sache und nicht die Herkunft des Geldes entscheidend ist; der Geldgeber wird lediglich auf seinen schuldrechtlichen Ersatzanspruch verwiesen:

C. 4, 50, 8 (Diocletianus et Max. Maximae Valentinae 294):

„Qui aliena pecunia comparat, non ei cuius nummi fuerunt, sed sibi tam actionem empti quam dominium, si tamen ei fuerit tradita possessio, quaerit. cum itaque de rebus communibus fratrem patruelem tuum quaedam comparasse contendas, de tua pecunia hunc conveniendo facies consultius: nam in rem de rebus ab eo comparatis tibi contra eum petitio non competit."

Oder ein Kläger will sein Eigentum einem Käufer gegenüber gerade dadurch beweisen, daß er behauptet, der Kaufpreis sei mit seinem Geld gezahlt worden. *Diokletian* erklärt ausdrücklich, daß der Eigentumsbeweis nicht durch einen Beweisantritt darüber geführt werden könne, daß mit dem Geld des Eigentum Behauptenden der Kaufpreis der streitigen Sache gezahlt worden sei:

---

[11] Pringsheim, Kauf, S. 4 ff. Allerdings sei beim Seedarlehen das zur Preiszahlung verwendete Geld als geliehenes nicht eigentlich fremdes Geld, vgl. Pringsheim, Kauf, S. 27. Seidl, Ägyptische Rechtsgeschichte, S. 45, folgert daraus, daß, wenn der Darlehensnehmer mit dem dargeliehenen Geld eine Sache nicht für sich erwerben könne, weil ein „Verfangenschaftsrecht" das Gebers auf ihr ruhe, umgekehrt das dargeliehene Geld auch beim Darlehensnehmer noch Geld des Gebers sei. Dieses „Prinzip der notwendigen Entgeltlichkeit" hat namentlich bei H. J. Wolff („Prinzip der Zweckverfügung") Widerspruch gefunden. Auf diese Problematik kann jedoch hier nicht näher eingegangen werden; vgl. zur Diskussion Claus, S. 17 ff. m. w. N.

[12] Mitteis, S. 371; Pringsheim, Kauf, S. 33; gleiches gilt im übrigen für die Quellen (Plautus, Chariton, Papyri), mit denen Pringsheim die Geltung des Surrogationsprinzips im hellenistischen Recht nachweisen will, vgl. Pringsheim, Kauf, S. 34 ff.

[13] Mitteis, S. 371.

C. 4, 19, 21, 1 (Diocletianus et Max. Crispo 294):

„. . . *dominium ad te ostende pertinere. nam res vindicantem ab emptore suos numeratos nummos adseverantem erga probationem laborare non convenit, si quidem huiusmodi, licet probetur, factum intentioni nullum praestet adminiculum.*"

In C. 3, 38, 4 vertritt der Anfragende die Auffassung, daß das aus gemeinsamem Geld Gekaufte gemeinsam sei, obwohl der Gemeinschafter für sich kaufen wollte; auch dies lehnt *Diokletian* ab und verweist auf den obligatorischen Ersatzanspruch wegen des zur Preiszahlung verwendeten gemeinschaftlichen Geldes:

D. 3, 38, 4 (Diocletianus et Max. ad Maximum 290):

„*Si patruus tuus ex communibus bonis res comparavit, sibi negotium gerens, non omnium bonorum socius constitutus, pro competentium portionum modo indemnitati tuae consuli oportet: et ideo rem emptam eum communicare contra formam iuris postulas.*"

Gerade diese unrömischen Anschauungen, die hier und in zahlreichen anderen Reskripten auftauchen,[14] weisen auf das griechische Recht hin und verstärken den von *Pringsheim* gewonnenen Eindruck, daß der Surrogationsgedanke dem griechischen Recht durchaus geläufig war, ja dieses geradezu in der Auffassung befangen war, daß die Herkunft des zur Preiszahlung verwendeten Geldes über das Recht an der gekauften Sache entscheide.[15]

Als einheitliche Anschauung begegnet der Surrogationsgedanke übrigens auch noch bei den Basilikenscholien, allerdings um hier ebenfalls – im Einklang mit der kaiserlichen Gesetzgebung – in der Regel abgelehnt zu werden, wie z. B.[16] bei

Thalelaeus zu C. 4, 19, 21, 1 (Heimbach II, S. 494, Schol. ὁ θέλει):

„οὐ γὰρ ἡ καταβολὴ τῶν χρημάτων, ἀλλ' ἡ παράδοσις τοῦ πράγματος μεταφέρει τὴν δεσποτείαν."

oder

Thalelaeus zu C. 3, 38, 4 (Heimbach I, S. 820, Schol. εἰ γάρ):

„. . .ὅτι κἂν ἐκ τῶν διαφερόντων ἐμοὶ μόνῳ χρημάτων ἀγοράσῃ τις, αὐτὸς γίγνεται δεσπότης τοῦ πράγματος."

---

[14] z. B. C. 4, 37, 2; C. 4, 50, 1; C. 4, 50, 3; C. 4, 50, 8; C. 5, 16, 9; vgl. Pringsheim, Kauf, S. 91 ff., 99 ff., 122 ff.; zu den syrisch-römischen Rechtsbüchern, die unter dem Einfluß griechischen Rechtsdenkens den gleichen Gedanken in der Provinz zeigen, vgl. Pringsheim, Kauf, S. 114 ff., 169.

[15] Pringsheim, Kauf, S. 48, 168.

[16] Weitere Beispiele bei Pringsheim, Kauf, S. 113.

§ 4 Das römisch-justinianische Recht

Im Gegensatz zum griechisch-orientalischen Recht konnte sich der Surrogationsgedanke als ein auf einem Automatismus beruhendes durchgängiges Rechtserwerbsprinzip, das ohne Rücksicht auf jeglichen Willen der Beteiligten die Rechtsfolgen regelt, im römischen Recht nicht durchsetzen.

Im griechischen Recht war allein maßgebend, aus wessen Vermögen die Mittel flossen, mit denen etwas erworben wurde. Waren es Mittel eines anderen, mit denen jemand erwarb, so wurde die erworbene Sache immer Eigentum des anderen, auch wenn der unmittelbar Beteiligte den Willen hatte, für sich selber zu erwerben und diesem Willen auch dem Dritten gegenüber entsprechenden Ausdruck verliehen hatte.

Demgegenüber kam es im klassischen römischen Recht für den Eigentumserwerb beim Kauf überhaupt nicht darauf an, ob und mit wessen Geld der Kaufpreis bezahlt wurde.[1] Dient die *mancipatio* der Veräußerung, ist zwar die Preiszahlung Bestandteil dieses altzivilen Geschäfts. Es erwirbt, wer als Erwerber bei diesem Geschäft beteiligt ist und nicht der, der etwa das Geld für die Bezahlung des Kaufpreises aufgebracht hat. Und bei der *traditio* wird der Erwerber stets dann Eigentümer, wenn der Veräußerer ihm den Besitz der Sache überträgt, die Parteien sich einig sind, daß das Eigentum auf den Erwerber übergehen soll und eine *iusta causa traditionis* vorliegt.[2]

Erklären läßt sich dies vor allem damit, daß sich das römische Recht über die rechtlichen Beziehungen der Parteien eine ganz bestimmte enge Vorstellung gemacht hat: Ein Rechtsakt kann nur unter den ursprünglich Beteiligten rechtliche Wirkungen entfalten. Das ist der Grund, warum das römische Recht auch keine Zession, keine Stellvertretung, keinen Vertrag zugunsten Dritter zuließ, denn diese Institute durchbrechen gerade den Grundsatz der rein persönlichen Wirksamkeit der Verträge *inter partes*.

Gerade darin, daß sich die Wirkungen nur zwischen den Parteien des jeweils abgeschlossenen Rechtsgeschäfts zeigen, kommt das Bestreben des römischen Rechts zum Ausdruck, die subjektive Komponente mehr in Rechnung stellen zu wollen.

---

1 Ausführlich zum Erfordernis der Kaufpreiszahlung Schindler, S. 556 ff.

2 Dies ist allerdings nicht unstreitig. Eine starke Meinung (vgl. Kaser, RPR I, S. 418, insbes. Fn. 43) geht davon aus, daß bei der Übereignung durch *traditio* das Kaufpreiszahlungserfordernis grundsätzlich beibehalten und lediglich durch bestimmte Preiszahlungssurrogate abgeschwächt worden ist. Indes stützen die juristischen Quellen eine solche Auffassung nicht, vgl. hierzu Schindler, S. 557 ff.

Wenn dies auch zunächst nicht in dem Sinn geschah, daß nur der Wille allein zählte und alles möglich machte, so wird dennoch deutlich, daß man den Erwerb und die Verpflichtung stärker auf die handelnden Rechtssubjekte bezog und nicht mehr mit objektiven Automatismen ohne Rücksicht auf das Handeln der Rechtssubjekte regelte.

Begünstigte somit das römische Recht den Willen der beteiligten Personen, so ergibt sich hieraus gleichzeitig, daß beim Rechtserwerb für den Surrogationsgedanken lediglich in besonders gelagerten Ausnahmefällen Raum bleiben konnte. In der Tat ist immer wieder behauptet worden, das römische Recht hätte solche Anwendungsfälle der dinglichen Surrogation bei den von ihm ausgeprägten Sondervermögen, wie *hereditas, dos, peculium,* gekannt und ihre gemeinsamen Züge mit dem bildhaften Ausdruck *„in universalibus pretium succedit in locum rei et res in locum pretii"* umschrieben.

Im folgenden sollen die wichtigsten Stellen des *Corpus iuris* beleuchtet werden, an denen sich der exegetische und dogmatische Eifer späterer Jahrhunderte entzündet hat. Zugrundegelegt wird dabei das römische Recht in der Form, die es durch die Gesetzgebungskommission *Justinians* erhalten hat; denn gerade in dieser Gestalt hat es die europäische Rechtstradition begründet. Die Entwicklungsgeschichte und der klassische Zustand des römischen Rechts sollen nicht selbständig behandelt werden, sondern nur, soweit sie unmittelbar auf das Verständnis der justinianischen Kompilation hinführen. Für diese Aufgabe war es unnötig, sich in Einzelheiten mit der Quellenkritik auseinanderzusetzen.

I. *Hereditas*

1. Die *oratio Hadriani* zum *Senatusconsultum Iuventianum*

Für die Auffassung, daß jedenfalls der Satz *„pretium succedit in locum rei"* bei der *hereditas* gegolten habe, hat man sich vor allem auf einzelne Bestimmungen des im Jahre 129 n. Chr. unter Kaiser *Hadrian* erlassenen *Senatusconsultum Iuventianum,*[3] das die Beziehungen zwischen dem Erbschaftsbesitzer und dem Erben regelte, berufen.

Paulus zitiert in D. 5, 3, 22 eine Stelle aus der *oratio Hadriani* zum *SC Iuv.*:

D. 5, 3, 22 (Paul. 20 ed.):

„Si et rem et pretium habeat bonae fidei possessor, puta quod eandem redemerit: an audiendus sit, si velit rem dare, non pretium? in praedone dicimus electionem esse debere actoris: an hic magis possessor audiendus sit, si velit rem tradere licet deteriorem factam, non petitor, si pretium desideret, quod inverecundum sit tale desiderium: an

---

[3] Im folgenden *SC Iuv.* abgekürzt. Wortlaut D. 5, 3, 20, 6 – 6d siehe unten S. 28 (Fn. 10).

vero, quia ex re hereditaria locupletior sit, et id quod amplius habet ex pretio restituere debeat, videndum. nam et in oratione divi Hadriani ita est: ,Dispicite, patres conscripti, numquid sit aequius possessorem non facere lucrum et pretium, quod ex aliena re perceperit, reddere, quia potest existimari in locum hereditariae rei venditae pretium eius successisse et quodammodo ipsum hereditarium factum.' oportet igitur possessorem et rem restituere petitiori et quod ex venditione eius rei lucratus est."

Wenn hier die von *Paulus* angeführte *oratio Hadriani* besagt, daß der Erlös veräußerter Erbschaftssachen an deren Stelle trete und somit gewissermaßen selbst zum Nachlaßgut werde, so spricht diese Stelle nur scheinbar für eine dingliche Surrogation. Daß hierin die Formulierung eines Rechtssatzes oder gar der Ausdruck eines Prinzips nicht gesehen werden kann, hat bereits *Mühlenbruch* nachgewiesen.[4] Schon die unbestimmte Ausdrucksweise („*quia potest existimari . . . quodammodo . . .*") läßt erkennen, daß es sich hier nicht um die Ausführung eines Rechtssatzes, sondern nur um eine „bildliche Erklärung" oder „künstliche Rechtfertigung" der Entscheidung des *Paulus* handelt.[5] Der Kaiser will damit nur sagen, daß der Beklagte statt der Sache nun den Preis „besitzt" und sich an seiner Haftung (etwa durch nachträglichen Untergang jener *res*) jetzt nichts mehr ändert.[6] Der zitierte Satz hatte überhaupt – auch in seinem ursprünglichen Zusammenhang – nur die Bedeutung einer Motivierung der Bestimmungen des *SC Iuv.*[7]

Paulus selbst behandelt den Fall, daß der Erbschaftsbesitzer eine Nachlaßsache verkauft und sodann billiger wieder eingekauft hat. Vom Erben auf den Kaufpreis belangt, will dieser nur die Sache selbst herausgeben.

Hätte *Paulus* den Satz „*pretium succedit in locum rei*" für maßgebend gehalten, hätte konsequenterweise seine Entscheidung lauten müssen: der Erbschaftsbesitzer muß den Kaufpreis unter allen Umständen herausgeben. Statt dessen entscheidet er jedoch gemäß dem *SC Iuv.* danach, ob der Erbschaftsbesitzer gut- oder bösgläubig ist. Gegenüber dem bösgläubigen gibt er dem Erben die Wahl zwischen Kaufpreis oder Sache, während er den gutgläubigen nur die Sache und den erzielten Gewinn (die Differenz zwischen Ver- und Wiederkaufspreis) herausgeben läßt. Dies zeigt jedenfalls, daß mit dem Verkauf die Sache nicht aus der Erbschaft ausgeschieden und hierfür der Kaufpreis in diese eingetreten ist, sonst hätte der Erbe kein Recht mehr auf die Sache, sondern vielmehr lediglich ein Recht auf den vollen erzielten Kaufpreis.[8] Man kann auch nicht etwa sagen, die Nachlaßsache habe durch den

---

[4] Mühlenbruch, S. 321 ff.

[5] Schröder, Commodum, S. 32; Dénoyez, S. 156; siehe auch Kaser, Passivlegitimation, S. 108; für dingliche Surrogation anscheinend di Paola, S. 107.

[6] Schwarz, S. 299 (Fn. 84).

[7] Kaser, Passivlegitimation, S.108; Windmüller, S. 72; Beyer, S. 11.

[8] Beyer, S. 11.

Verkauf ihre Zugehörigkeit zur Erbschaft verloren und sie durch den Wiederkauf zurückerhalten. Denn wäre die Sache tatsächlich durch den Verkauf ausgeschieden, so käme sie durch den Wiederkauf nicht mehr in die Erbschaft, sondern in das Vermögen des Erbschaftsbesitzers.[9]

Für die Frage, ob und in welchem Umfange eine Surrogation bei der *hereditas* stattfindet, ist es daher erforderlich, zunächst näher auf die Kasuistik der Quellen und insbesondere auf die im *SC Iuv.* niedergelegten Grundsätze einzugehen.

2. *Senatusconsultum Iuventianum* und *hereditatis petitio*

War die Erbschaft dem Ärar verfallen, entschied das *SC Iuv.*[10] in einem Verfahren der *vindicatio caducorum* den Fall, daß ein Erbschaftsbesitzer Erbschaftssachen (vor der *litis contestatio*) verkauft hat. Die Juristen haben dem *SC Iuv.*, das das bisherige Recht in Einzelheiten weiterbildete, eine allgemeine Regelung für die private *hereditatis petitio* entnommen.[11]

Mit der *hereditatis petitio* – eingehend im Digestentitel 5, 3 behandelt – begehrte der Erbe die Feststellung seines zivilen Erbrechts und die Herausgabe der Erbschaft; sie war als Gesamtklage konzipiert.[12] Richtete sie sich anfangs nur gegen den sog. Erbprätendenten, also gegen den, der, sich auf ein Erbrecht berufend, den Nachlaß in seiner Gesamtheit in Besitz genommen hatte und war es dabei gleichgültig, ob der Erbschaftsbesitzer sich wirklich für

---

[9] Schröder, Commodum, S. 31; Beyer, S. 12 unter Hinweis auf D. 5, 3, 25, 1: „*Item si rem distraxit et ex pretio aliam rem comparavit, veniet pretium in petitionem hereditatis, non res quam in patrimonium suum convertit.*“

[10] Vgl. D. 5, 3, 20, 6 – 6d: „*Pridie idus Martias Quintus Iulius Balbus et Publius Inventius Celsus Titius Aufidius Oenus Severianus consules verba fecerunt de his, quae imperator Caesar Traiani Parthici filius divi Nervae nepos Hadrianus Augustus imperator maximusque princeps proposuit quinto nonas Martias quae proximae fuerunt libello complexus esset, quid fieri placeat, de qua re ita censuerunt.*

6a *Cum, antequam partes caducae ex bonis Rustici fisco peteruntur, hi, qui se heredes esse existimant, hereditatem distraxerint, placere redactae ex pretio rerum venditarum pecuniae usuras non esse exigendas idemque in similibus causis servandum.*

6b *Item placere, a quibus hereditas petita fuisset, si adversus eos iudicatum esset, pretia, quae ad eos rerum ex hereditate venditarum pervenissent, etsi eae ante petitam hereditatem deperissent deminutaeve fuissent, restituere debere.*

6c *Item eos qui bona invasissent, cum scirent ad se non pertinere, etiamsi ante litem contestatam fecerint, quo minus possiderent, perinde condemnandos, quasi possiderent: eos autem, qui iustas causas habuissent, quare bona ad se pertinere existimassent, usque eo dumtaxat, quo locupletiores ex ea re facti essent.*

6d *Petitam autem fisco hereditatem ex eo tempore existimandum esse, quo primum scierit quisque eam a se peti, id est cum primum aut denuntiatum esset ei aut litteris vel edicto evocatus esset. censuerunt.*“

[11] Siehe nur Kaser, RPR I, S. 739; Kaser, Passivlegitimation, S. 103.

[12] Kaser, RPR I, S. 735.

den Erben hielt oder sich wider besseres Wissen die Erbeneigenschaft anmaßte, so wurde später die *hereditatis petitio* auch gegenüber dem *possessor pro possessore* zugelassen, der ohne ein Erbrecht für sich zu beanspruchen, den Nachlaß oder einzelne Nachlaßgegenstände in Besitz genommen hatte, oder, ohne einen besonderen Erwerbsgrund anzuführen, das Erbrecht des Klägers einfach bestritt.[13]

Im Laufe der Entwicklung erweiterte die *hereditatis petitio* ihren Umfang. Während sie als *actio in rem* im alten Recht nur gegen den zustand, der alle oder einzelne Erbschaftssachen besaß, begnügte man sich, seit die *hereditas* nicht mehr als Inbegriff körperlicher Sachen, sondern als Vermögen verstanden wurde, damit, daß der Beklagte Vermögensvorteile aus der Erbschaft innehatte.[14, 15]

Seine endgültige, auch für das justinianische Recht maßgebende Ausgestaltung erfuhr der Erbschaftsanspruch sodann durch das *SC Iuv.*

Von besonderer Bedeutung war dabei die von dem *SC Iuv.* eingeführte Unterscheidung zwischen den gutgläubigen (*qui iustas causas habuissent, quare bona ad se pertinere existimassent*[16]) und bösgläubigen Erbschaftsbesitzern (*qui bona invasissent, cum scirent ad se non pertinere*[17]) in Bezug auf die Haftung, die für die *hereditatis petitio* getroffen wurde.[18]

Der bösgläubige Besitzer, der den Besitz durch bewußtes Handeln aufgegeben hat, haftet, als ob er noch besäße.[19] Der gutgläubige dagegen braucht nur herauszugeben, worum er bereichert ist.[20, 21]

---

13 Jörs / Kunkel, S. 338.

14 Kaser, RPR I, S. 736; Kaser, Passivlegitimation, S. 92.

15 Die Klagformel nennt den Besitz als Erfordernis nicht, vgl. Lenel, Edictum, S. 177 f.

16 Vgl. D. 5, 3, 20, 6c.

17 Vgl. D. 5, 3, 20, 6c.

18 Die Passivlegitimation des Erbschaftsbesitzers, der das von ihm Besessene entgeltlich veräußert hat, wird dabei vorausgesetzt. Sie findet sich schon bei Labeo und Octavenus (D. 5, 3, 18 pr.), Javolenus (D. 5, 3, 48) und Proculus (D. 5, 3, 36 pr.).

19 Vgl. D. 5, 3, 20, 6c; hierzu D. 5, 3, 25, 2 ff.; Kaser, RPR I, S. 739.

20 Vgl. D. 5, 3, 20, 6c; hierzu D. 5, 3, 23 pr.; D. 5, 3, 25, 1; Kaser, RPR I, S. 739.

21 Nach der *litis contestatio* haftete der gutgläubige Erbschaftsbesitzer nach strengeren Maßstäben. Nach der *oratio Hadriani* hatte jeder Erbschaftsbesitzer, ob gut- oder schlechtgläubig, dem Erben alles zu erstatten, was dieser gehabt haben würde, wenn ihm die Erbschaft schon im Augenblick der *litis contestatio* herausgegeben worden wäre (vgl. D. 5, 3, 40 pr.); allerdings scheinen die spätklassischen Juristen diese Haftung, die auch ein Einstehen für Zufall in sich schloß, auf den schlechtgläubigen beschränkt und den gutgläubigen im wesentlichen so behandelt zu haben wie den schlechtgläubigen vor der *litis contestatio*; vgl. insoweit Jörs / Kunkel, S. 339 f.

3. Der Verkauf von Erbschaftssachen: „*pretium succedit in locum rei*"?

Hat der gutgläubige Erbschaftsbesitzer Nachlaßgegenstände veräußert, so kann er gemäß dem *SC Iuv.* deswegen nur insoweit in Anspruch genommen werden, als er hierdurch bereichert ist.

D. 5, 3, 20, 6c, 2. Hälfte (Ulp. 15 ed.):

„*... eos autem, qui iustas causas habuissent, quare bona ad se pertinere existimassent, usque eo dumtaxat, quo locupletiores ex ea re facti essent.*"

Hierbei ist für das klassische römische Recht unter „*usque eo dumtaxat, quo locupletiores ex ea re facti essent*" nicht der zur Zeit des Prozesses noch vorhandene, sondern der ursprünglich erworbene Vermögenszuwachs zu verstehen.[22] Da die Bereicherung immer nur in dem gewonnenen Erlös besteht, kann der Erbe vom gutgläubigen Erbschaftsbesitzer von vornherein nur den Kaufpreis fordern.

Steht allerdings der Kaufpreis noch aus, so reicht es, wenn der gutgläubige Erbschaftsbesitzer die *actio venditi* zediert:

D. 5, 3, 20, 17 (Ulp. 15 ed.):

„*... bonae fidei possessor si vendiderit res hereditarias, sive exegit pretium sive non, quia habet actionem, debebit pretium praestare: sed ubi habet actionem, sufficiet eum actiones praestare.*"

D. 5, 3, 16, 5 (Ulp. 15 ed.):

„*Idem Julianus ait, sive quis possidens sive non rem vendiderit, petitione hereditatis eum teneri, sive iam pretium recepit sive petere possit, ut et hic actionibus cedat.*"

Die erste Stelle enthält bis zu den Worten „*pretium praestare*" das ältere Recht; ab „*sed ubi*" wird gemäß dem *SC Iuv.* korrigiert.[23] Entsprechend ist auch „*ut et hic actionibus cedat*" im zweiten Fragment an das *SC Iuv.* angeglichen.[24]

Der Anspruch auf den Kaufpreis ist somit kein dinglicher, sondern nur ein persönlicher, denn die Klage auf ihn erwirbt der Erbe nicht kraft Gesetzes, sondern sie muß ihm erst vom Erbschaftsbesitzer abgetreten werden.[25]

---

[22] Vgl. Niederländer, S. 154 ff. Dieser Wertzuwachs kann nur durch solche Umstände vermindert werden, die nach dem für diese Klage geltenden Haftungsmaßstab eine Befreiung bewirken, nicht jedoch einfach durch einen Wegfall der Bereicherung; diese Auffassung wird erst in nachklassischer Zeit aufgegeben (insoweit sind D. 5, 3, 23 pr. und D. 5, 3, 25, 1 verfälscht); vgl. Kaser, Passivlegitimation, S. 115 m. w. N.

[23] Schulz, S. 110 (Fn. 2).

[24] Schulz, S. 111.

Daß das Verhältnis genauso zu beurteilen ist, wenn der Kaufpreis bezahlt ist, bestätigt *Ulpian*, der von dem Anspruch des Erben auf Herausgabe der vom Erbschaftsbesitzer eingezogenen Kaufgelder sagt, er ginge auf *„praestationes personales":*

D. 5, 3, 25, 18 (Ulp. 15 ed.):

„Petitio hereditatis etsi in rem actio sit, habet tamen praestationes quasdam personales, ut puta eorum quae a debitoribus sunt exacta, item pretiorum."

Es handelt sich insoweit zunächst jedoch nur um ein Wahlrecht des Erben; keineswegs werden ihm hiermit die Rechte, die er nach allgemeinen Grundsätzen hinsichtlich der ursprünglichen Sachen geltend machen kann, abgeschnitten. Wenn er also den Kaufpreis nicht haben will, steht es ihm grundsätzlich frei, sein Eigentum an den ursprünglichen Sachen geltend zu machen. Deren Herausgabe könnte er zwar nicht mit der *hereditatis petitio*, da der Käufer *pro emptore* besitzt, wohl aber mit der *rei vindicatio* verlangen. Er könnte also, anstatt den Kaufpreis zu fordern, die Nachlaßsache bei jedem dritten Erwerber vindizieren. Dem Käufer bliebe dann nichts anderes übrig, als die Sache herauszugeben und bei dem gutgläubigen Erbschaftsbesitzer als Verkäufer Regreß zu nehmen. Damit liefe dieser aber Gefahr, über seine Bereicherung hinaus in Anspruch genommen zu werden. Der Erbe kann daher letztlich eine Erbschaftssache vom Käufer nur dann vindizieren, wenn der Käufer keinen Regreß vom Erbschaftsbesitzer verlangen kann,[26] etwa weil die Haftung wegen Eviktion durch Vereinbarung ausgeschlossen war oder der Käufer wußte, daß die Sache der Verkäufer nicht gehörte.

Wie wir gesehen haben, beschränkte das *SC Iuv.* die Haftung des gutgläubigen Erbschaftsbesitzers auf die Bereicherung. Dieser sollte, weil er den Nachlaß in dem Glauben verwaltete, es sei sein eigenes Vermögen, nicht zu Schaden kommen.[27] Der bösgläubige Erbschaftsbesitzer, der *praedo*, verdient eine solche Privilegierung nicht.

Veräußert dieser eine Nachlaßsache, so kann ihn der Erbe – gleichgültig, ob der Kaufpreis bereits gezahlt ist oder nicht[28] – auf den vollen Kaufpreis belangen. Insoweit bestand die Haftung des bösgläubigen Besitzers bei der Veräußerung von Erbschaftssachen auch nach dem *SC Iuv.* fort.

---

25 Beyer, S. 14.

26 Vgl. D. 5, 3, 25, 17: „*. . . et puto posse res vindicari nisi emptores regressum ad bonae fidei possessorem habent.*" Siehe auch Beyer, S. 16 f.

27 Vgl. D. 5, 3, 25, 11: *„Consuluit senatus bonae fidei possessoribus, ne in totum damno adficiantur, sed in id dumtaxat teneantur, in quo locupletiores facti sunt."*

28 Die Möglichkeit der Klagenzession hat nur der gutgläubige Erbschaftsbesitzer, vgl. D. 5, 3, 20, 17 und oben S. 30.

Daneben kann der Erbe den bösgläubigen Erbschaftsbesitzer nach dem *SC Iuv.* aber auch als *fictus possessor* auf die Sache haftbar machen,[29] d. h. er wird verurteilt, wie wenn er dieselbe noch besäße; ist er nicht imstande, den veräußerten Gegenstand zu erlangen und herauszugeben, muß er das Interesse leisten, welches der Erbe an der Wiedererlangung der Erbschaftssache hat:

D. 5, 3, 20, 6c 1. Hälfte (Ulp. 15 ed.):

„Item eos qui bona invasissent, cum scirent ad se non pertinere, etiamsi ante litem contestatam fecerint, quo minus possiderent, perinde condemnandos, quasi possiderent . . .“

Es steht dem Erben aber auch offen – und zwar unabhängig davon, ob der *malae fidei possessor* dadurch dem Käufer der Sache regreßpflichtig wird oder nicht – von letzterem (falls dieser noch nicht ersessen hat) mit der *rei vindicatio* deren Herausgabe zu verlangen.

Von vornherein auf den Kaufpreis beschränkt ist der Anspruch des Erben allerdings dann, wenn der bösgläubige Erbschaftsbesitzer Veräußerungen vorgenommen hat, die für die Erbschaft notwendig waren und die auch ein *diligens pater familias* getätigt hätte.[30]

Der Überblick über die in ihren Einzelheiten komplizierte rechtliche Behandlung der Veräußerungen des Erbschaftsbesitzers zeigt folgendes:

Wenn die Quellen teilweise bestimmen, daß der Erbe mittels der *hereditatis petitio* vom Erbschaftsbesitzer, der Nachlaßsachen verkauft hat, den dafür erzielten Erlös beanspruchen kann, so gehen die angeführten Regelungen nirgends von einer dinglichen Surrogation aus. Sie bedeuten nicht, daß die *pretia* veräußerter Erbschaftsgegenstände (oder die noch bestehende Kaufpreisforderung) automatisch an den wahren Nachlaßberechtigten, den Erben, fallen. Ihm wird lediglich die Möglichkeit eingeräumt, mit der *hereditatis petitio* das herauszuverlangen, was der Erbschaftsbesitzer aus dem Verkauf von Erbschaftsgegenständen erlangt hat. Herausverlangen heißt jedoch in diesem Zusammenhang nicht, daß der Erbe einen dinglichen Anspruch auf den Erlös veräußerter Erbschaftsgegenstände erhebt, sondern nur, daß er ihn als Bereicherung fordert. Aufgabe des *SC Iuv.* war es gerade zu verhindern, daß weder der gutgläubige noch der bösgläubige Erbschaftsbesitzer sich auf Kosten des wahren Erben bereicherten.[31] Der *malae fidei possessor* schuldete

---

[29] Zwischen beiden Möglichkeiten hat er die Wahl, vgl. D. 5, 3, 36, 3: „. . . *itaque et si pluris venierit res, electio debebit esse actoris, ut pretium consequatur: alioquin lucretur aliquid praedo.*“

[30] Vgl. Beyer, S. 30 f. mit Quellennachweisen.

darüber hinaus sogar *tantum quantum in litem sit iuratum*, also vollen Schadenersatz.[32]

Zu der Auffassung, es läge in den genannten Fällen eine dingliche Surrogation vor, wurde man vor allem durch die Natur der *hereditatis petitio* als eine *actio in rem*, also eine dingliche Klage, verleitet. Während sich bei der heutigen Erbschaftsklage der Erbe auf dingliche Surrogation berufen muß, wenn er auch den Erlös veräußerter Nachlaßgegenstände mit dieser Klage erfassen will, konnten mit der *hereditatis petitio* auch gerade persönliche Bereicherungsansprüche geltend gemacht werden.[33]

4. Der Kauf mit Erbschaftsgeld: *„res succedit in locum pretii"*?

Hat somit die bisherige Untersuchung gezeigt, daß jedenfalls der erste Teil der Surrogationsformel – *„pretium succedit in locum rei"* – nur unzureichend die römische Rechtsauffassung wiedergibt, so bleibt dennoch zu fragen, ob nicht wenigstens der zweite Teil – *„res succedit in locum pretii"* – für das römische Recht Geltung beanspruchen kann.

Pringsheim hat vermutet, die Kompilatoren hätten bei der *hereditatis petitio* mit einer derartigen Regel gearbeitet.[34]

Von dem Fall, in dem der Erbschaftsbesitzer mit Erbschaftsgeld Sachen eingekauft hat, handelt

D. 5, 3, 20 pr., § 1 (Ulp. 15 ed.):

„Item veniunt in hereditatem etiam ea, quae hereditatis causa comparata sunt, ut puta mancipia pecoraque et si qua alia, quae necessario hereditati sunt comparata. et si quidem pecunia hereditaria sint comparata, sine dubio venient: si vero non pecunia hereditaria, videndum erit: et puto etiam haec venire, si magna utilitas hereditatis versetur, pretium scilicet restituturo herede.

§ 1 Sed non omnia, quae ex hereditaria pecunia comparata sunt, in hereditatis petitionem veniunt. denique scribit Iulianus libro sexto digestorum, si possessor ex pecunia hereditaria hominem emerit et ab eo petatur hereditas, ita venire in hereditatis petitionem, si hereditatis interfuit eum emi: at si sui causa emit, pretium venire."

---

31 Vgl. D. 5, 3, 28: *„Post senatus consultum enim omne lucrum auferendum esse tam bonae fidei possessori quam praedoni dicendum est."*

32 Vor dem *SC Iuv.* wurde die Frage der Haftung beim Verkauf von Erbschaftsgegenständen offenbar nicht einheitlich beantwortet, vgl. hierzu nur Schwarz, S. 301 f. Zur Auffassung Julianus siehe unten S. 34 (Fn. 38).

33 Girsberger, S. 19; zur Einordnung der *hereditatis petitio* in das Schema *„actiones in rem – actiones in personam"* vgl. Kaser, Passivlegitimation, S. 91 ff.; Kaser RPR I, S. 235 f.

34 Pringsheim, Kauf, S. 140 ff.

Nach *Ulpian* fällt zunächst alles in den Bereich der Erbschaftsklage,[35] was der Erbschaft wegen angeschafft ist.

Dies gelte zweifellos, soweit die Anschaffung mit Erbschaftsgeld bezahlt sei, sonst nur, wenn sie zum Nutzen der Erbschaft erfolgte.

Dann aber fährt er fort: Jedoch nicht alles mit Erbschaftsgeld Angeschaffte könne mit der *hereditatis petitio* gefordert werden.

Dieser Gegensatz ist schwer zu erklären: Zunächst hat *Ulpian* im *principium* erläutert, was zur Erbschaft gehört, um darauf in § 1 auszuführen, daß doch nicht alles mit der Erbschaftsklage verlangt werden könne; auch nach *Julian* kommt es darauf an, ob der Ankauf im Interesse der Erbschaft erfolgt sei. Sei dies der Fall, dann könne die Anschaffung mit der *hereditatis petitio* gefordert werden, sonst nur das hierzu aus der Erbschaft verwendete Geld. Es reicht also die subjektive Absicht des Erbschaftsbesitzers, etwas für die Erbschaft zu erwerben, allein nicht aus, die Anschaffung muß darüber hinaus auch und gerade im objektiven Interesse der Erbschaft liegen. Wahrscheinlich ist die Stelle ab *ut puta* bis zum Ende des *principium* interpoliert.[36]

Die Byzantiner haben – offenbar beeinflußt durch den griechischen Surrogationsgedanken[37] – den Kauf mit Erbschaftsgeld auf äußerst unglückliche Weise in die Stelle einbezogen: *„et si quidem pecunia hereditaria sint comparata, sine dubio venient . . .“*

Für das klassische römische Recht dagegen dürfte hinsichtlich der Einbeziehung der erworbenen Gegenstände in die *hereditatis petitio* nicht die Herkunft der Erwerbsmittel entscheidend gewesen sein, es kam vielmehr darauf an, ob die Anschaffung vom Erbschaftsbesitzer subjektiv für und objektiv im Interesse der Erbschaft vorgenommen wurde;[38] dies auch dann, wenn er die Kosten

---

[35] Einen Anschein dafür, daß die mit Erbschaftsgeld angeschafften Sachen zu *res hereditariae* werden, gewährt das *principium* nur in der korrumpierten Gestalt, die es in der Florentina hat (vgl. Schröder, Commodum, S. 39 (Fn. 1)): *„Item veniunt in hereditatem . . .“* Daß dies zu emendieren ist, zeigt einmal die Stellung im Titel 5, 3, in dem sich das Bestreben der Kompilatoren zeigt, den Stoff systematisch zu ordnen: So werden von D. 5, 3, 18, 2 (*„Nunc videamus, quae veniant in hereditatis petitione.“*) bis D. 5, 3, 43 die Gegenstände der Erbschaftsklage behandelt. Diese Wendung wiederholt sich in D. 5, 3, 20, 2; 3; 4; 12; D. 5, 3, 25, 1 und entscheidend in der Stelle 5, 3, 20, 1, die mit den Worten: *„Sed non omnia, quae ex hereditaria pecunia comparata sunt, in hereditatis petitionem veniunt“* gerade auf das *principium* zurückweist und dieses damit präzisiert. Nach der Mommsenschen Digestenausgabe befürwortet Degenkolb daher auch im *principium* die Lesart: *„veniunt in hereditatem petitionem“*.

[36] Zu den Interpolationsindizien ausführlich Pringsheim, Kauf, S. 140 ff.

[37] Pringsheim, Kauf, S. 143.

[38] Entsprechend entschieden Julian und Ulpian im umgekehrten Fall bei Veräußerung von Erbschaftssachen: D. 5, 3, 20, 2: *„Simili modo et si fundum hereditarium distraxerit, si quidem sine causa, et ipsum fundum et fructus in hereditatis petitionem venire: quod si aeris exsolvendi gratia hereditarii id fecit, non amplius venire quam pretium.“* D. 5, 3, 33, 1: *„Julianus scribit, si hominem possessor distraxerit, si quidem non*

aus eigenen Mitteln bestritten hat. Den Erben trifft in diesem Fall nur die Pflicht, Verwendungsersatz zu leisten.[39] Ihm steht auch nicht etwa die Wahl frei, ob er die angeschaffte Sache oder den dafür gezahlten Kaufpreis fordern will: nur die im Interesse der Erbschaft angeschaffte Sache unterliegt dem Anspruch des Erben. Anschaffungen, die der Erbschaftsbesitzer mit Erbschaftsgeld, aber in seinem eigenen Interesse macht, fallen ihm selbst zu.

Es gilt also nicht der Satz *„res succedit in locum pretii"*, sondern *„res, quae hereditatis causa comparata est, venit in hereditatis petitionem"* und dies auch nur in dem Sinne, daß dem Erben ein obligatorischer Anspruch auf Übertragung des *hereditatis causa* erworbenen Gegenstandes zusteht.[40]

II. *Peculium*

1. Wesen, Entwicklung und Arten des *peculium*

Hauskinder und Sklaven waren eigener Vermögensrechte nicht fähig. Doch waren ihre Erwerbsakte nicht gänzlich wirkungslos, sondern wurden ihrem *pater familias* zugerechnet.[41] Ihnen standen die formlosen Erwerbsakte, seit früher Zeit – mit Ausnahme der *in iure cessio* – aber auch die förmlichen offen.[42] Sie wurden gleichsam als verlängerter Arm, beseelte Werkzeuge oder Erwerbsorgane des Gewalthabers angesehen.[43] Auf ein Handeln in fremdem

---

necessarium hereditati, petitione hereditatis pretium praestaturum. imputaretur enim ei, si non distraxisset: quod si necessarium hereditati, si quidem vivit, ipsum praestandum, si decesserit, fortassis nec pretium. sed non passurum iudicem qui cognoscit possessorem pretium lucrari scribit, et verius est."

Geschah die Veräußerung des *fundus* oder *servus* im Interesse der Erbschaft, ist der Preis zu leisten, sonst die Sache selbst. Vgl. Kaser, Passivlegitimation, S. 116, Schwarz, S. 302. Insoweit weicht auch das *SC Iuv.* von der – vorjuventianischen – Auffassung Julians nur wenig ab: Zwar stellt das *SC Iuv.* nicht auf das Interesse der Erbschaft ab, sondern auf den guten Glauben des Besitzers an sein Erbrecht, allerdings wird der gutgläubige Besitzer, weil er sich die Erbschaft erhalten will, zumeist *hereditatis causa*, der bösgläubige, der mit dem alsbaldigen Verlust der Erbschaft rechnet, dagegen *sui causa* (so ist mit Longo, S. 165, statt *sine causa* zu lesen) handeln. Vgl. Kaser, Passivlegitimation, S. 116 f. mit Hinweis auf Niederländer, S. 160 ff.

[39] Vgl. D. 5, 3, 20 pr

[40] Für die vom Erbschaftsbesitzer gekauften Sachen läßt sich allerdings für die Ablehnung einer dinglichen Einbeziehung in die Erbschaft ein positiver Beweis nicht erbringen. Hätten die römischen Juristen wirklich das *„res succedit"* dinglich aufgefaßt, das *„pretium succedit"* dagegen nicht, so müßte sich dieser Unterschied aber irgendwo in den Quellen angedeutet finden. An einer solchen Andeutung fehlt es jedoch. Auch die Anfangsworte von D. 5, 3, 20 pr (*„veniunt in hereditatem"*) können hierfür nicht herangezogen werden, siehe oben S. 34 (Fn. 35).

[41] Vgl. Gai. 2, 86 ff.; Kaser RPR I, S. 64, 114, 262 f, 286 f.

[42] Kaser, RPR I, S. 262.

[43] Kaser, RPR I, S. 262.

Namen kam es dabei nicht an, regelmäßig auch nicht auf das Wissen und Wollen des Gewalthabers.[44]

Obschon die Gewaltunterworfenen vermögensunfähig waren, konnte ihnen der *pater familias* doch ein Sondergut, *peculium*, zu selbständiger Bewirtschaftung übertragen. So konnte der Herr ein Hauskind oder einen Sklaven etwa mit dem Betrieb eines Gewerbes betrauen oder ihm auch ein Kapital zu beliebigen Unternehmungen überlassen.[45]

Soweit der Gewaltunterworfene über ein solches Sondergut verfügen konnte, war seine Verfügungsmacht nur eine abgeleitete und jederzeit widerruflich.[46] Das Sondergut blieb also, vom Standpunkt der klassischen Betrachtungsweise, Vermögen des Gewalthabers und konnte von ihm jederzeit eingezogen werden.

Ausgehend vom *peculium* hat sich in der klassischen und besonders in der nachklassischen Zeit allmählich eine beschränkte Vermögensfähigkeit der Hauskinder herausgebildet.[47] *Augustus* und spätere Kaiser verliehen Angehörigen des Soldatenstandes, die unter väterlicher Gewalt standen, das Recht, über das im Heeresdienst *(in castris)* erworbene Vermögen durch Testament zu verfügen.[48] Aufgrund dieses Privilegs entwickelte die kaiserzeitliche Jurisprudenz das *peculium castrense* zu einem völlig freien Vermögen des Hauskindes, an dem der Gewalthaber keine Rechte geltend machen konnte.[49]

Dem *peculium castrense* nachgebildet und gleichgestellt wurde durch eine Reihe von Kaisergesetzen seit *Konstantin* das Vermögen, das ein Hauskind durch eine Advokatur, im Hof- oder Staatsdienst erwarb, ferner aller Erwerb im geistlichen Beruf und schließlich auch die Schenkungen, die das Hauskind vom Kaiser oder der Kaiserin empfing *(peculium quasi castrense)*. [50]

2. Dingliche Surrogation beim *peculium*?

Bei der Frage, ob Verfügungsgeschäfte des Gewaltunterworfenen zu einer Surrogation führen können, müssen wir zunächst das *peculium sine administratione* von dem *cum administratione* unterscheiden. Hat der *servus* oder *filius familias* keine Verwaltungsermächtigung, so kann er nicht wirksam verfügen. Da die Surrogation sich als rechtliche Wirkung einer Verfügung darstellt, kann sie beim *peculium sine administratione* deshalb nicht in Betracht kommen.

---

[44] Kaser, RPR I, S. 262.
[45] Kaser, RPR I, S. 344.
[46] Jörs / Kunkel, S. 291.
[47] Kaser, RPR I, S. 344.
[48] Kaser, RPR I, S. 344.
[49] Jörs / Kunkel, S. 291.
[50] Jörs / Kunkel, S. 292.

Mit der *administratio peculii*, im Regelfall bereits in der Bestellung *(concessio peculii)* enthalten,[51] dagegen kann der Gewaltunterworfene wirksam über Pekuliargegenstände verfügen. Es ist dann dem Gewaltabhängigen eine spezielle Ermächtigung zu jeder von ihm vorgekommenen Verfügung im einzelnen Fall gegeben:

D. 15, 1, 46 (Paul. 60 ed.):

„Qui peculii administrationem concedit, videtur permittere generaliter, quod et specialiter permissurus est."

Entgeltliche Veräußerungen von Pekuliarsachen sind damit voll gültig; der Gewaltunterworfene überträgt dadurch das Eigentum an diesen auf den Erwerber:

D. 6, 1, 41, 1 (Ulp. 17 ed.):

„Si servus mihi vel filius familias fundum vendidit et tradidit habens liberam peculii administrationem, in rem actione uti potero."

Im folgenden soll nunmehr untersucht werden, was aus dem Gegenwert wird, den der Gewaltabhängige vom Erwerber erlangt hat.[52]

Alles, was der Gewaltunterworfene erwarb, erwarb er bekanntlich seinem Gewalthaber; und dies sogar dann, wenn der Herr von dem Erwerb nichts wußte.[53]

Damit jedoch ein von einem Unterworfenen gemachter Erwerb auch in sein *peculium* fiel, war erforderlich, daß das ihn herbeiführende Rechtsgeschäft *ex causa peculiari* bzw. *peculiari nomine* vorgenommen sei.[54] Fraglich ist aller-

---

[51] Einer ausdrücklichen *concessio administrationis* hat es wohl nur in Ausnahmefällen bedurft, vgl. Kaser, RPR I, S. 288 (Fn. 54) mit Nachweisen; siehe auch Kaser, Verfügungsakte, S. 60 (Fn. 2).

[52] Insoweit machen die Quellen jedenfalls hinsichtlich der Art des Gegenwertes (Geld, Sache oder Forderung) keine Unterscheidung.

[53] Ausnahmsweise wird das *iussum* des Gewalthabers verlangt für den Erbschaftsantritt durch den Abhängigen, vgl. Kaser, RPR I, S. 262.

[54] Die Juristen geben diesem Zusammenhang der Handlung mit dem *peculium* in verschiedenen Wendungen Ausdruck. Am häufigsten ist *„peculiari nomine"*: D. 6, 2, 10; D. 41, 1, 54, 4; D. 41, 2, 4; D. 41, 2, 32, 2; D. 41, 3, 4, 9; D. 41, 3, 31, 1; D. 41, 4, 2, 10–13; D. 49, 15, 12, 2; D. 49, 15, 22, 3. Von *„res peculiaris"* ist die Rede in: D. 41, 2, 49, 1; D. 41, 3, 4, 7; D. 47, 2, 57 (56), 2; D. 50, 17, 93. Man liest *„peculiariter"* in: D. 41, 2, 1, 5; D. 41, 2, 1, 22; D. 41, 2, 3, 12; D. 41, 3, 8, pr. Desweiteren begegnet *„ex causa peculiari"* in: D. 41, 2, 1, 5; D. 41, 2, 44, 1; D. 41, 3, 44, 4. Die Wendung *„peculii nomine"* gebrauchen: D. 41, 3, 45, 1; D. 41, 4, 7, 8; D. 49, 15, 29. Es findet sich *„ex causa peculii"* in: D. 41, 3, 44, 7 und *„ex peculii cuasa"* in: D. 41, 2, 44, 1. Desweiteren erscheint *„ex re peculiari"* in: D. 4, 6, 23, 3 und *„peculiare negotium"* in: D. 44, 7, 16. Überliefert ist auch *„ex peculio"* in: D. 49, 17, 18, 4; D. 41, 2, 24. In D. 41, 2, 24

dings, was unter einem Handeln *peculiari nomine* oder *ex causa peculiari* bzw. einem Erwerb einer *res peculiaris* oder dem Abschluß eines *peculiare negotium* zu verstehen ist. Eine lediglich objektive Beziehung – wie der uns interessierende Fall, daß etwas mit Pekuliarmitteln erworben wird – reicht jedenfalls für den Erwerb zum *peculium* nicht aus. Es muß vielmehr ein subjektiver Zusammenhang mit dem *peculium* gegeben sein, d. h. der Pekulieninhaber muß den Erwerbsakt vornehmen, um in das *peculium* zu erwerben.[55]

Dabei bedeutet der Gegensatz *peculiari nomine – domini (patris) nomine* nicht, daß zu jedem Erwerb ein Handeln in fremden Namen erforderlich wäre, sondern bringt nur zum Ausdruck, für welche Gütermasse – *peculium* oder unmittelbares Vermögen des Gewalthabers – der Abhängige gehandelt und für welche er demnach erworben hat.[56]

Da aber in all diesen Fällen das subjektive Moment die Beziehung des neu angeschafften Objekts zum *peculium* herstellt, somit der Wille des Pekulieninhabers die Richtung bestimmt, welche das *ex peculio* oder mit Mitteln des *peculium* Erworbene zu nehmen hat, kann von einer dinglichen Surrogation beim *peculium* nicht gesprochen werden.

3. Dingliche Surrogation beim *peculium castrense*?

Im Hinblick auf das *peculium castrense* wird der Haussohn – wenn auch mit Einschränkungen[57] – wie ein *pater familias* behandelt:

D. 14, 6, 2 (Ulp. 64 ed.):

„. . . *filii familias in castrensi peculio vice patrum familiarum fungantur.*“

Er wird sogar regelrecht als Eigentümer des castrensischen Vermögens bezeichnet:

---

erscheinen schließlich auch die Ausdrücke „*in peculio esse*“ und „*peculii causam adprehendere*“. Vgl. hierzu Benöhr, S. 154 (Fn. 18); Mandry, FGR II, S. 118 ff.; Mandry, Peculium, S. 50; Girsberger, S. 41 (Fn. 56). Im Vordergrund der Betrachtung der Quellen steht dabei das Problem des Besitzerwerbs des *dominus* im Hinblick auf die *usucapio*. Wie wir wissen, wird der Besitz *corpore et animo* erworben, d. h. durch Herstellung der tatsächlichen Gewalt mit dem Willen, die Sache zu beherrschen. Aus den angeführten Stellen ergibt sich, daß der Gewalthaber auch ohne eigene Kenntnis von dem Erwerb eine Sache ersitzen kann, die der Abhängige gerade *peculiari nomine* ergriffen hat. Der Gedanke, der dahinter steht, ist der, daß der Herr, indem er dem Gewaltunterworfenen ein *peculium* eingeräumt hat, auch den generellen Willen hat, die von diesem *ex causa peculiari* erworbenen Sachen zu besitzen. Hierzu ausführlich Benöhr, auf den wegen der Einzelheiten ausdrücklich verwiesen sei.

[55] Kaser, RPR I, S. 262.

[56] Kaser, RPR I, S. 262 unter Hinweis auf D. 41, 1, 54, 4 und D. 41, 2, 32, 2.

[57] Vgl. z. B. D. 38, 17, 10 pr.; Lehmann, S. 207.

D. 49, 17, 15, 4 (Pap. 35 quaest.):

„Si servi pater usum fructum amiserit, cuius proprietatem in castrensi peculio filius habebat, plenam proprietatem habebit filius."

Der *filius familias* kann ohne und sogar gegen den Willen des Vaters über die *res castrenses* verfügen, beispielsweise eine Sache veräußern,[58] über dieses Vermögen testieren oder unter Lebenden und von Todes wegen schenken.[59]

Nicht so einfach zu beurteilen sind dagegen die Erwerbshandlungen des Haussohnes. Er hat eine Doppelstellung, ist zugleich *pater* und *filius familias*, wie *Papinian* sagt:

D. 49, 17, 15, 3 (Pap. 35 quaest.):

„. . . (servus) non enim ut filius duplex ius sustinet patris et filii familias . . ."

Hieraus folgt, daß zu unterscheiden ist, in welcher Funktion der Haussohn jeweils handelt.

Wie beim gewöhnlichen *peculium* erwirbt er für sein castrensisches Vermögen nur, wenn er *ex causa peculii castrensis* handelt.

Diese Beziehung zum *peculium castrense* ist ganz deutlich hervorgehoben in:

D. 49, 17, 15, 1 (Pap. 35 quaest.):

„Si stipulanti filio spondeat (sc. pater), si quidem ex causa peculii castrensis, tenebit stipulatio: ceterum ex qualibet alia causa non tenebit."

In diesem Licht ist auch folgende Stelle zu sehen:

C. 12, 36 (37), 1, 4 (Imp. Alexander A. Prisciano 223):

„In castrensi vero peculio praedium donatum non esse constat, quamvis empta ex castrensi peculio praedia eius condicionis efficiantur."

Ein Grundstück, das dem *filius familias* geschenkt wurde, fällt nicht in sein *peculium castrense*, weil er das Grundstück nicht in Verbindung mit seiner militärischen Tätigkeit erworben hat. Wäre es dagegen mit Mitteln des *peculium castrense* angeschafft worden, dann wäre es auch in dieses gefallen.[60] *Fit-*

[58] Vgl. C. 12, 36 (37), 2 (224).

[59] Vgl. D. 39, 5, 7 pr. (zum Haussohn mit *peculium*) und D. 39, 5, 7, 6 (zum Haussohn mit *peculium castrense*).

[60] Vgl. auch D. 29, 2, 42, 3 (*„Proponebatur filius a patre de castrensi peculio servos comparasse. . ."*) und C. 12, 35 (36), 10 (349) (*„. . . servos etiam de peculio castrensi emptor . . ."*).

ting hat jedoch zu Recht darauf hingewiesen, daß dies "nur im Zweifel und für die Regel als richtig gelten" kann, nämlich nur so lange, als man davon ausgehen kann, daß die Anschaffung *ex causa peculii castrensis*, in Betreff des *peculium castrense* erfolgt ist.[61] Hätte also der Haussohn eine Sache mit bestimmter Rücksicht etwa auf sein gewöhnliches *peculium* gekauft, so dürfte die Sache, selbst wenn sie mit castrensischem Geld bezahlt worden sei, nicht dem *castrense peculium*, sondern nur dem gewöhnlichen *peculium* zuzuschreiben sein.[62]

III. *Dos*

1. Wesen und Entwicklung der *dos*

Die *dos* ist eine Vermögenszuwendung seitens oder namens der Ehefrau an den Ehemann, die einen Beitrag der Frau zu den vom Mann zu tragenden Ehelasten (*onera matrimonii*) bilden soll. Nach Auflösung der Ehe ist sie prinzipiell zurückzuerstatten; wird der Mann zahlungsunfähig, so kann indes die Frau schon während der Ehe die Herausgabe der *dos* verlangen.[63]

Soweit die *dos* aus Geld oder anderen vertretbaren Sachen besteht, reicht es, wenn Sachen gleicher Art und Güte zurückgegeben werden.[64] Die Dotalobjekte können auch unter Festsetzung eines Schätzwertes eingebracht sein mit der Wirkung, daß dieser Schätzwert entweder ausschließlich oder wahlweise statt der Dotalgegenstände zu leisten sei *(res aestimata in dotem data)*[65].

Die *dos* bildet ein Sondervermögen des Mannes, das dieser verwaltet und über das er rechtlich und tatsächlich verfügen kann; er ist Eigentümer der Dotalsachen. Dennoch wird die *dos* – in Hinblick auf den Herausgabeanspruch der Frau nach beendeter Ehe – in einzelnen Beziehungen als Frauengut *(res uxoria)* behandelt.[66] Das römische Recht hat deshalb bereits frühzeitig Bestrebungen gezeigt, den Bestand der *dos* zu schützen.

So erklärte schon die *lex Iulia ,de fundo dotali'*[67] eine ohne Zustimmung der Ehefrau erfolgte Veräußerung von italischen Dotalgrundstücken für nichtig und untersagte deren Belastung vollständig.[68] Dieses Verbot wird von *Justinian* im Jahre 530 – ohne Rücksicht auf eine Zustimmung der Ehefrau – auf den *fundus dotalis* überhaupt ausgedehnt.[69]

---

[61] Fitting, S. 86.

[62] Fitting, S. 86 f.

[63] Vgl. C. 5, 12, 29 (528).

[64] Vgl. D. 23, 3, 42.

[65] Kaser, RPR I, S. 340; Wolff, S. 332 f.

[66] Kaser, RPR I, S. 334.

[67] Richtiger wohl ein Kapitel der *lex Iulia de adulteriis* (18 v. Chr.), vgl. Kaser, RPR I, S. 334.

[68] Vgl. Gai. 2, 63; D. 23, 5, 4.

Als dingliche Sicherung für die Rückforderung der *dos* stand der Ehefrau nach klassischem Recht ein *privilegium exigendi* zu.[70] *Justinian* gibt ihr eine privilegierte Hypothek an den Dotalgegenständen[71] und dann ein Pfandrecht am ganzen Vermögen des Ehemannes,[72] das er schließlich ebenfalls privilegiert.[73]

Daneben erlebte der Rückforderungsanspruch eine fortschreitende Ausgestaltung. Als obligatorischer Anspruch ging die *actio rei uxoriae* zunächst auf Herausgabe der Substanz der *dos*; bei Verlust oder Beschädigung von Dotalgegenständen haftete der Mann schon in spätrepublikanischer Zeit für *dolus* und *culpa*,[74] bei *Justinian* nach dem Maßstab der *diligentia quam in suis* im Sinne einer verschärften Sorgfaltspflicht.[75]

Aus ihrem „natürlichen" Eigentum an der *dos* erhält die Frau im justinianischen Recht nun auch die *actio in rem*,[76] offenbar aus dem Gedanken eines Eigentums auf Zeit, das der Mann an der *dos* hat und mit Auflösung der Ehe bzw. dem Eintritt seiner Zahlungsunfähigkeit verliert.[77]

Das bedeutet also, daß zur *dos* gehörende Grundstücke und nicht veräußerte bewegliche Sachen bei Auflösung der Ehe oder eintretender Insolvenz des Ehemannes in das Eigentum der Ehefrau zurückfallen, die diese demzufolge vindizieren kann. Dagegen bleiben vorher vom Ehemann vorgenommene Veräußerungen von Mobilien rechtsbeständig.[78, 79]

---

69 Vgl. C. 5, 13, 15 (530).

70 Pringsheim, Kauf, S. 130 mit Quellennachweisen.

71 Vgl. C. 5, 12, 30 (529).

72 Vgl. C. 5, 13, 1b (530).

73 Vgl. C. 8, 17, 12 (531), nochmals behandelt in Nov. 97, cap. 2 – 4 (539).

74 Kaser, RPR I, S. 340 m. w. N.

75 Kaser, RPR II, S. 191 m. w. N.

76 Vgl. C. 5, 12, 30, 1 (529).

77 Kaser, RPR II, S. 191.

78 Windscheid-Kipp III, S. 36; Czyhlarz, S. 413; Brinz III, S. 756; weitere Nachweise bei Beyer, S. 43; a. A. etwa Bechmann II, S. 470; Dernburg III, S. 37. Der Meinungsstreit beruht auf der unterschiedlichen Deutung der Worte *„si tatem extant"* in C. 5, 12, 30, (529). Die hier vertretene Auffassung versteht diese Worte dahingehend, daß die Gegenstände noch im Vermögen des Mannes existieren, also noch nicht wirksam veräußert sind, während es nach der Gegenposition genügen soll, wenn die Dotalgegenstände überhaupt noch existieren. Daß letzteres nicht gemeint sein kann, ergibt sich jedoch daraus, daß Justinian ein Jahr später in C. 5, 13, 15 (530) das Veräußerungsverbot von italischen Grundstücken auf sämtliche Dotalgrundstücke erstreckte. Eine solche Ausdehnung und Neubestätigung wäre überflüssig gewesen, wenn er ohnehin schon vorher den Ehefrauen durch C. 5, 12, 30 ein allgemeines Vindikationsrecht an allen veräußerten Dotalgegenständen hätte gewähren wollen.

79 Der Eigentumsübergang ist auch nicht abhängig von der Zustimmung der Frau; vgl. auch C. 5, 12, 3 (222): *„. . . cum et inter vivos manumittendi mancipia dotalia constante matrimonio liberam maritus habet facultatem."* Ebenso etwa Czyhlarz, S. 196; Windscheid-Kipp III, S. 22; Beyer, S. 41; a. A. jedoch Bechmann II, S. 231.

2. Dingliche Surrogation bei der *dos?*

Wenn folglich durch eine Veräußerung des Ehemannes eine Sache endgültig in das Eigentum des Erwerbers übergeht, also ihre Dotaleigenschaft verliert, besteht die Gefahr, daß der Mann seine Frau ihres durch *Justinian* gewährten Vindikationsrechts auf Rückerstattung der *dos* einfach dadurch beraubt und dieses dadurch wertlos macht, daß er die zur *dos* gehörenden beweglichen Sachen veräußert.

Der Gedanke, daß *Justinian* den Gegenwert, den der Ehemann aus derartigen Veräußerungen erzielte, für dotal erklärte, liegt also durchaus nahe.

In der Tat findet man letzteres auch anscheinend in zwei Digestenstellen ausgesprochen:

D. 23, 3, 54 (Gai. ad. praet.):

„Res, quae ex dotali pecunia comparatae sunt, dotales esse vindentur."

D. 24, 3, 22, 13 (Ulp. 33 ed.):

„Si mulier in condicione mariti erraverit putaveritque esse liberum, cum servus esset, concedi oportet quasi privilegium in bonis viri mulieri, videlicet ut, si sint et alii creditores, haec praeferatur circa de peculio actionem et, si forte domino aliquid debeat servus, non praeferatur mulier nisi in his tantum rebus, quae vel in dote datae sunt vel ex dote comparatae, quasi et haec dotales sint."

Während im ersten Fragment nur von Anschaffungen, die aus Dotalgeld gemacht sind, die Rede ist, spricht die zweite Quellenstelle allgemein von Sachen, die *ex dote comparatae*, also mit Dotalsachen, nicht bloß mit Dotalgeld, erworben sind. Aus den beiden Stellen folgt, daß die mit Dotalsachen und Dotalgeld angeschafften Gegenstände gleichsam als dotal anzusehen seien.

Zunächst fällt auf, daß diese Stellen – jedenfalls was den Erwerb mit Dotalgeld angeht – unvereinbar sind mit den Grundsätzen, die sonst über Dotalgeld herrschen. Wie bereits erwähnt, hat der Mann das *in dotem* empfangene Geld überhaupt nicht *in specie* zurückerstatten, sondern er schuldet die empfangene Summe nur *in genere*.[80] Bestandteil der *dos* ist also nicht das Geld, sondern eine Summenforderung. Die speziellen *in dotem* gegebenen Geldstücke gehören demnach nicht nur nicht zum dinglichen Verband der *dos*, sondern sie stehen auch obligatorisch in keinerlei Beziehung mehr zur Frau; die Summenforderung der Frau kann also durch Rechtsgeschäfte des Mannes mit den hingegebenen Geldstücken gar nicht berührt werden.[81]

---

[80] Vgl. D. 23, 3, 42: *„Res in dotem datae, quae pondere numero mensura constant, . . . soluto matrimonio eiusdem generis et qualitatis alias restituat . . ."*

Nach vielen Versuchen, eine befriedigende Auslegung jener Digestenstellen zu finden,[82] ist man sich heute im allgemeinen darüber einig, daß ursprünglich der Sinn der Stellen der war, hier der Frau nur das spezielle Vorrecht zu verleihen, die mit dem Dotalgeld angeschafften Sachen in Anspruch zu nehmen, falls der Mann ihr nicht die *in dotem* empfangene Geldsumme zurückerstattet.[83]

Jedenfalls bezieht sich D. 24, 3, 22, 13 auf einen Fall, in dem der Ehemann offenbar insolvent war. Wahrscheinlich lag bei D. 23, 3, 54 ein ähnlicher Fall vor, denn diese Stelle entstammt einem Buch des *Gaius „ad edictum praetoris tituli de praediatoribus"*, in welchem – wie die Überschrift zeigt – von den Käufern der an den Staat verpfändeten Grundstücke die Rede war.[84] Die Kompilatoren haben offenbar in D. 23, 3, 54 den Satz *„Res, quae ex dotali pecunia comparatae sunt, dotales esse videntur"* aus jedem Zusammenhang gelöst, vielleicht sogar noch umgestaltet und als Rechtssatz aufgestellt; zum Beweis einer klassischen Surrogation kann er damit kaum dienen.[85]

D. 23, 3, 22, 13 ist ebenfalls interpoliert und wohl auch sachlich stark verändert;[86] insbesondere wird in recht unklarer Weise die dingliche Gebundenheit der *res in dotem datae vel ex dote comparatae* eingeführt.[87] In diesen beiden Stellen ist wohl zum ersten Mal durch Interpolation eine Gleichstellung zwischen den *res dotales* und den *res ex his comparatae* durchzuführen versucht worden,[88] denn bei Erlaß von C. 5, 12, 30 im November 529, als *Justinian* der Ehefrau zunächst die *actio in rem* auf die noch im Vermögen des Mannes vorhandenen Dotalobjekte und eine privilegierte Hypothek an diesen gewährte, war hiervon noch nicht die Rede:

---

[81] Zum Widerspruch zwischen D. 23, 3, 42 und D. 23, 3, 5 siehe auch Schol. καίτοι zu D. 23, 3, 42 (Heimbach III, S. 377).

[82] So wollte etwa Accursius die Stelle D. 23, 3, 54 nur auf den Fall beziehen, daß die Frau der Anschaffung zugestimmt hatte. Diese Einschränkung findet jedoch in der Quelle keine Stütze.

[83] Vgl. etwa Windscheid-Kipp III, S. 26 (Fn. 1); Bechmann II, S. 464 ff.

[84] Bechmann II, S. 231; Pringsheim, Kauf, S. 132; Lenel, Palingenesie I, Sp. 188; siehe auch Heimbach III, S. 389 zu D. 23, 3, 54.

[85] Pringsheim, Kauf, S. 132, unter Hinweis darauf, daß erst der Text der Basiliken (Heimbach III, S. 389) das *„videntur"* in „εἰσίν" verwandelt.

[86] Zu den Interpolationsindizien vgl. Pringsheim, Kauf, S. 135 mit weiterer Literatur; siehe auch König, S. 233.

[87] König, S. 233; es scheint sich in diesen Stellen mehr um ein dingliches Zugriffsrecht als um Eigentum der Frau an den angeschafften Gegenständen zu handeln, vgl. hierzu Pringsheim, Kauf, S. 132, 135.

[88] Vgl. die noch vorsichtigen Formulierungen *„dotales esse videntur", „quasi et hae dotales sint"*. Thalelaeus, der Zeitgenosse Justinians und Hauptbearbeiter des Codex, spricht im Hinblick auf D. 23, 3, 54 ebenfalls von einer Neuerung (Heimbach I, S. 789, Schol. οὐκ εἶπε); siehe hierzu Pringsheim, Kauf, 131 f.

C. 5, 12, 30 pr., § 1 (Iustinianus Demostheni 529):

„In rebus dotalibus sive mobilibus sive immobilibus seu se moventibus, si tamen extant, sive aestimatae sive inaestimatae sint, mulierem in his vindicandis omnem habere post dissolutum matrimonium praerogativam et neminem creditorum mariti, qui anteriores sunt, sibi potiorem causam in his per hypothecam vindicare, cum eaedem res et ab initio uxoris fuerant et naturaliter in eius permanserunt dominio. non enim quod legum subtilitate transitus earum in mariti patrimonium videtur fieri, ideo rei veritas deleta vel confusa est.

§ 1 Volumus itaque eam in rem actionem quasi in huiusmodi rebus propriis habere et hypothecariam omnibus anteriorem possidere, ut, sive ex naturali iure eiusdem mulieris res esse intellegantur vel secundum legum subtilitatem ad mariti substantiam pervenisse, per utramque viam sive in rem sive hypothecariam ei plenissime consulatur."

Man hat – im Gegensatz zur herrschenden Meinung, die hier unter *res dotales* auch die damit angeschafften Sachen versteht[89] – daher auch angenommen, C. 5, 12, 30 beziehe sich nur auf Sachen, die ursprünglich zur *dos* gehört und diese Eigenschaft nicht verloren haben. Berufen hat man sich hierbei vor allem auf die Begründung, welche *Justinian* selbst hierfür gegeben hat: *„cum eadem res ab initio uxoris fuerant et naturaliter in eius permanserunt dominio"*, und die zweifellos die angeschafften Sachen ausschließt.

Diese Auffassung übersieht jedoch, daß *Justinian* in C. 8, 17, 12 vom Dezember 531, wo er auf obige Konstitution Bezug nimmt, es als selbstverständlich voraussetzt, daß diese neben den eigentlichen *res dotales* auch die *ex his aliae comparatae* mitumfaßt:[90]

C. 8, 17 (18), 12, 5 (Iustinianus Iohanni 531):

„Cum enim in personalibus actionibus secundum quod diximus tali privilegio utebatur res uxoria, quapropter non et in hypothecam hoc mulieri et nunc indulgemus beneficium, licet res dotales vel ex his aliae comparatae non extent, sed quocumque modo vel dissipatae vel consumptae sunt, si tamen re ipsa fuerint parti mariti datae? quis enim eas non miseretur propter obsequia, quae maritis praestant, propter partus periculum et ipsam liberorum creationem, pro qua multa nostris legibus inventa sunt privilegia?"

Dem widerspricht auch nicht C. 5, 12, 12, eine Konstitution aus dem Jahre 293, die man vor allem für unvereinbar mit D. 23, 3, 54 und D. 24, 3, 22, 13 erklärte:[91]

C. 5, 12, 12 (Diocletianus et Max. Rufinae 293):

„Ex pecunia dotali fundus a marito tuo comparatus non tibi quaeritur, cum neque maritus uxori actionem empti possit adquirere ac dotis tantum actio tibi competat. unde

---

[89] Bechmann II, S. 470; Czyhlarz, S. 414.

[90] Beyer, S. 50 f.

[91] Vgl. Pringsheim, S. 133, 96.

aditus praeses provinciae, si non te transegisse reppererit, sed ex maiore dote partem consecutam, residuum restitui providebit."

Die Ansicht der Frau – wahrscheinlich eine Konsulentin aus dem Osten – ist hier folgende: Sie hält das mit Dotalgeld, d. h. nach griechischer Auffassung mit ihrem Geld gekaufte Grundstück für ihr Eigentum. Der Kaiser dagegen verneint die Frage, ob das mit Dotalgeld erworbene Grundstück durch den Erwerbsakt Eigentum der Frau werde mit der Begründung, der Mann könne nämlich für die Frau auch die *actio empti* nicht erwerben. Auf die ganz andere Frage, ob das Grundstück nicht wenigstens dotal werde, geht die Stelle gar nicht ein.[92] Dagegen behält sie der Frau ausdrücklich die *actio dotis* vor, ohne deren Inhalt näher zu bestimmen.[93]

Die *actio dotis* aber war zur Zeit *Diokletians* nur ein obligatorischer Anspruch auf Rückerstattung der *dos*, ohne daß die Dotalobjekte in das Eigentum der Frau zurückfielen. Erst durch die Konstitutionen C. 5, 12, 30 in Verbindung mit C. 8, 17, 12, 4 – 6 wurde der Anspruch der Frau dahin verändert, daß das Eigentum der Dotalobjekte und der mit diesen angeschafften Gegenstände später an sie fällt. Insoweit konnte C. 5, 12, 12 zunächst unbedenklich in das Gesetzbuch *Justinians* aufgenommen werden.[94]

Zusammenfassend ergibt sich damit hinsichtlich des Erwerbs mit Mitteln der *dos* für das justinianische Recht folgendes Bild:

Wenn es in D. 23, 3, 54 und D. 24, 3, 22, 13 heißt, daß das mit Dotalgeld Angeschaffte dotal werde, so kann das im Hinblick auf D. 23, 3, 42 keineswegs den Sinn haben, daß der Mann sich nicht durch Herausgabe der empfangenen Geldsumme befreien könne; vielmehr hat es nur den Sinn, daß die Ehefrau das mit Dotalgeld Erworbene in Anspruch nehmen kann, wenn die empfangene Geldsumme nicht herausgegeben wird.[95] Es bleibt also die Forderung der Frau auf Rückzahlung des Geldes unverändert bestehen; die genannten Bestimmungen haben damit in Verbindung mit C. 5, 12, 30 und C. 8, 17, 12 nur die Bedeutung, für diese Geldforderung durch Einräumung des Vindikationsrechts und einer privilegierten Hypothek an den erworbenen Gegenständen eine zusätzliche Sicherung zu schaffen.

Mag sich *Justinian* auch vom griechischen Surrogationsgedanken habe leiten lassen,[96] um dingliche Surrogation handelt es sich hier trotzdem nicht, denn

---

[92] Beyer, S. 52.
[93] Windscheid-Kipp III, S. 26 (Fn. 1); Beyer, S. 52.
[94] Beyer, S. 52.
[95] Windscheid-Kipp III, S. 26 (Fn. 1); Bechmann II, S. 464 ff.
[96] Vgl. Pringsheim, Kauf, S. 139.

das Erworbene ersetzt gerade nicht die ursprüngliche Forderung, sondern ist nur Sicherheit für diese.[97]

Gleiches gilt selbstverständlich auch für den Erwerb mit anderen *in dotem* gegebene vertretbaren Sachen oder unter einer Schätzung eingebrachter Gegenstände.

Veräußert der Ehemann aber sonstige (unvertretbare und nicht unter Schätzung eingebrachte bewegliche) Dotalsachen, so kann die Frau das hiermit Erworbene ohne weiteres vindizieren.

Da der Ehemann nur für *culpa in concreto*[98] haftet, beschränkt sich, wenn er sich bei der Veräußerung solcher Dotalsachen nicht mindestens einer entsprechenden Sorgfaltspflichtverletzung schuldig macht, der Anspruch der Ehefrau auf den vom Mann erworbenen Gegenwert;[99] es tritt also in diesen Fällen dingliche Surrogation mit absoluter Wirkung ein, dergestalt, daß der erworbene Gegenwert und nur dieser mit der Dotalklage eingefordert werden kann.[100]

3. *Permutatio dotis*

Wurden bisher die Fälle der einseitigen Veräußerung von Dotalsachen seitens des Mannes sowie die einseitige Anschaffung von Sachen mit Mitteln der *dos* untersucht, so soll im folgenden die Veränderung in den Dotalobjekten aufgrund bestimmter Abreden zwischen Mann und Frau betrachtet werden.[101]

Eine Vereinbarung zwischen den Ehegatten, wonach statt eines bisherigen Dotalobjektes ein anderes *in dote* sein soll, wird als *permutatio dotis* bezeichnet.[102] Allerdings ist für ihre Gültigkeit erforderlich, daß der Wechsel in den Dotalobjekten für die Frau nicht nachteilig ist. Nur dann tritt der neue Gegenstand vollständig an die Stelle des alten:

D. 23, 4, 21 (Iul. 17 dig.):

„. . . *nam constat posse inter uxorem et virum conveniri, ut dos, quae in pecunia numerata esset, permutaretur et transferatur in corpora, cum mulieri prodest.*“

---

[97] Interessant in diesem Zusammenhang auch Sinai-Schol. § 11, wo von einem Pfandrecht an dem aus Dotalgeld Angeschafften die Rede ist (Scholia sinaitica, S. 642): „*Ex pecunia dotal[i]:* τὸ ἀπὸ προικιμαία[ς οὐσί]ας ἀγοραζόμενον πρᾶγμα ὑπόκειται τῇ γυναικί. Σημείωσαι τὸ *dotali.* τοῦτό φ(ησὶ) καὶ ὁ *Marcianus* ἐν τῇ ὑπο[θηκαρίᾳ]“. Vgl. hierzu ausführlich Pringsheim, Kauf, S. 136 f.

[98] Vgl. D. 23, 3, 17 pr.

[99] Ansonsten ist der Ehemann, wenn ihm eine *culpa in concreto* anzulasten ist, der Frau zur Leistung des gesamten Interesses verpflichtet, vgl. Beyer, S. 56.

[100] Beyer, S. 57.

[101] Vgl. auch Beyer, S. 58 f.

[102] Bechmann II, S. 227 f.; Kaser, RPR I, S. 341 m. w. N.

D. 23, 3, 26 (Mod. 1 reg.):

„Ita constante matrimonio permutari dotem posse dicimus, si hoc mulieri utile sit, si ex pecunia in rem aut ex re in pecuniam: idque probatum est."

Ebenso zu beurteilen ist es, wenn der Mann mit Zustimmung der Frau Dotalsachen verkauft oder mit Dotalgeld Sachen anschafft.[103] Auch hier wird das Erlangte dotal.

Festzuhalten bleibt jedoch, daß in beiden Fällen – *permutatio dotis* durch Rechtsgeschäft unter den Ehegatten oder durch Rechtsgeschäft des Mannes mit Dritten unter Zustimmung der Frau – die surrogierende Wirkung nicht, wie dies bei der dinglichen Surrogation Voraussetzung ist, kraft besonderen Rechtssatzes eintritt, sondern vielmehr auf dem Inhalt der betreffenden Vereinbarung der Parteien beruht.

IV. Zusammenfassung und Ergebnis

Im Hinblick auf den Gegenstand der Untersuchung – die dingliche Surrogation bei Vermögenseinheiten – läßt sich für die Sondervermögen des römischen Rechts – *hereditas, peculium, dos* – folgendes festhalten:

Bezüglich der *hereditas* war bestimmendes Merkmal für die Erweiterung der dem Erben gegenüber dem Erbschaftsbesitzer zustehenden *hereditatis petitio* über den Kreis der ursprünglichen Erbschaftsgegenstände hinaus der Begriff des Erwerbs *„ex hereditatis causa"*. Dabei kam es hinsichtlich des vom Erbschaftsbesitzer Angeschafften nicht darauf an, ob es mit Mitteln der Erbschaft bezahlt worden ist, sondern ob es subjektiv für und objektiv im Interesse der Erbschaft angeschafft wurde. Auch für die Einbeziehung des Erlöses von Erbschaftssachen in die *hereditatis petitio* kam es – zumindest nach der Meinung *Julians* und *Ulpians* – zunächst darauf an, ob der Verkauf *ex hereditatis causa* geschah.[104] Offenbar hat das römische Recht den Erbschaftsbesitzer einem *negotiorum gestor* gleichgestellt.[105] Deutlich tritt der Geschäftsführungsgedanke bei den angeführten Entscheidungen *Julians* und *Ulpians* hervor, wo sie als objektive Beurteilungskriterien die *necessitas* und *utilitas* mit heranziehen. Indem sie somit auf das Interesse der Erbschaft abstellen, bleiben sie bei der Beurteilung des konkreten Einzelfalles besonders flexibel und anpassungsfä-

---

[103] Bechmann II, S. 228. Hierunter fällt etwa D. 23, 3, 32: *„Si ex lapidicinis dotalis fundi lapidem vel arbores, quae fructus non essent, sive superficium aedificii dotalis voluntate mulieris vendiderit, nummi ex ea venditione recepti sunt dotis."* Vgl. hierzu Sontis, S. 103 f.

[104] Siehe oben S. 34 (Fn. 38).

[105] Longo, S. 166 ff.; Dénoyez, S. 51 ff.; Sturm, S. 450 ff.

hig und legen sich damit gerade bezüglich der hier interessierenden Frage der Surrogation nicht auf eine starre Regel fest, etwa dergestalt, daß all das in den Bereich der *hereditatis petitio* fällt, was durch den Verkauf von Erbschaftsgegenständen oder bei einem Kauf mit Erbschaftsgeld erworben wird.

Für den Verkauf von Erbschaftsgegenständen hat das *SC Iuv.*, indem es – ohne auf das Interesse der Erbschaft abzuheben – im Einzelfall das *pretium* der *hereditatis petitio* zuordnet, diese Gesichtspunkte verwischt. Und erst die Kompilatoren waren es, die anknüpfend an den im Osten des römischen Reiches weiterlebenden griechischen Surrogationsgedanken das mit Erbschaftsgeld Gekaufte in die *hereditatis petitio* einbeziehen wollten.

Hervorzuheben bleibt jedoch: Indem das römische Recht hinsichtlich der *hereditatis petitio* die Möglichkeit einer Einbeziehung von Surrogaten und Gegenständen, die im Interesse der Erbschaft angeschafft wurden, eröffnet, versucht es offensichtlich, dem Umstand Rechnung zu tragen, daß die Erbschaft als ein Vermögensganzes der Verwaltung bedarf, notwendigerweise gewissen Wandlungen unterworfen und schließlich zweckmäßigerweise so herauszugeben ist, wie sie sich im Laufe der Zeit durch die Verwaltung des Inhabers gestaltet hat.

Wenn damit das römische Recht nach dem *SC Iuv.* davon ausgeht, daß der Erbe im Einzelfall beim Verkauf von Erbschaftssachen den Erlös und beim Kauf mit Erbschaftsgeld jede im Interesse der Erbschaft angeschaffte Sache vom Erbschaftsbesitzer anstatt des ursprünglichen Nachlaßobjekts fordern kann, so erschöpft sich allerdings die Rechtswirkung dieser Erwerbsvorgänge im obligatorischen Bereich: nicht das Surrogat oder Angeschaffte selbst, sondern nur der obligatorische Anspruch auf Übertragung desselben tritt an die Stelle der ursprünglichen Nachlaßsache. Im Sinne eines unmittelbaren dinglichen Anfalls des Erwerbs an den Erben ist die Statuierung der Herausgabepflicht, das *„venit in hereditatis petitionem"* nicht zu verstehen. Mag dieses Ergebnis für das eigentliche Problem der vorliegenden Untersuchung, die dingliche Surrogation, zunächst als wichtige Erkenntnis erscheinen, so darf man dennoch nicht verkennen, daß gerade für das klassische römische Recht diese scharfe Trennung zwischen obligatorischer und dinglicher Wirkung jedenfalls im Hinblick auf die einheitliche *condemnatio pecuniaria* ihre innere Berechtigung weitgehend verliert, genauso wie die aus dem Legisaktionenprozeß überkommene Scheidung zwischen *actiones in rem* und *actiones in personam* seit Durchsetzung der Vermögensvollstreckung und der einheitlichen *condemnatio pecuniaria* im Grunde obsolet geworden ist.[106]

So war zwar die altüberkommene *hereditatis petitio* eindeutig eine *actio in rem*, es ließen sich jedoch bei ihr – wie bei allen *actiones in rem* auch mit petitorischer Formel und trotz Restitutionsklausel – schuldrechtliche Neben- und

---

[106] Liebs, Begriffe, S. 153; zur *condemnatio pecuniaria* vgl. Kaser, RZP, S. 186 f.

Ersatzansprüche kraft der transponierenden Klausel *„quanti ea res est, tantae pecuniae condemnato“* ohne Schwierigkeiten berücksichtigen.[107]

Im Effekt – im Hinblick auf die Geldverurteilung – zeitigt daher die obligatorische Surrogation dieselbe Wirkung wie eine dingliche.

Dennoch zeigt sich gerade bei der *hereditas* als fremdem Sondervermögen in der Hand des Erbschaftsbesitzers, wie streng das römische Recht den eingangs dieses Kapitels[108] erwähnten Grundsatz der rein persönlichen Wirksamkeit der Verträge *inter partes* durchführte: Beim Kauf mit Erbschaftsgeld bzw. Verkauf von Erbschaftssachen wurde nicht der Erbe als „eigentlich Berechtigter“ Eigentümer des Erworbenen, sondern der Erbschaftsbesitzer, da diesem übereignet worden war.

Ähnlich wie bei der *hereditatis petitio* wird in den Vorschriften, die den Erwerb in das *peculium* behandeln, der *„ex peculii causa“* dem *„non ex causa peculii“* gemachten Erwerb gegenübergestellt.

Dieser Begriff des *„ex causa peculiari“* setzt immer einen objektiven und subjektiven Zusammenhang voraus, der sich daraus ergibt, daß das *peculium* einerseits objektiv beteiligt wurde und zum anderen darin liegt, daß der Inhaber des *peculium* mindestens nicht für das Vermögen seines Herrn erwerben wollte. Dabei geht es – im Gegensatz zur *hereditas*, wo die Einbeziehung des vom Erbschaftsbesitzer gemachten Erwerbs in die *hereditatis petitio* nur eine obligatorische war – beim *peculium* lediglich darum, innerhalb einer bereits feststehenden Eigentumsgrenze (da der Inhaber des *peculium* nicht selbst erwerben kann, kommt als Eigentümer nur der *dominus* in Betracht) die Zugehörigkeit des gemachten Erwerbs zu dieser oder jener Vermögensmasse zu bestimmen. Insofern gleicht das *peculium* einem eigenen Sondervermögen. Nichts anderes gilt für das *peculium castrense*: Da hier der Haussohn als Eigentümer desselben angesehen wird, entspricht dieses auch einem eigenen Sondervermögen. Das Problem der *hereditas*, daß zunächst jemand erwirbt, der nicht der "eigentlich Berechtigte“ ist, stellt sich hier somit nicht, denn es kann von vornherein nur der Berechtigte erwerben, beim normalen *peculium* der *pater familias*, beim *peculium castrense* der *filius*.

Die Betrachtung von *hereditas* und *peculium* zeigt, daß das römische Recht einer rechtsgeschäftlichen dinglichen Surrogation feindlich gegenüberstand. Sowohl bei der *hereditas* als auch beim *peculium* war für eine Zuordnung zum entsprechenden Sondervermögen ein anderer Gedanke ausschlaggebend: Der Grundsatz der Bewidmung. Dem Sondervermögen soll ein Erwerb nur zugute kommen, wenn er objektiv in bestimmter Weise mit ihm in Zusammenhang zu bringen ist und subjektiv in der Absicht erfolgt, für dieses Vermögen zu erwerben. Die Verwendung von Mitteln des Sondervermögens ist dabei weder

---

[107] Liebs, Begriffe, S. 153; zur Formel vgl. Lenel, Edictum, S. 177.

[108] Siehe oben S. 25f.

erforderlich noch genügend, um die geforderte Beziehung zum Sondervermögen herzustellen. Vielmehr begegnet uns auch hier eine Berücksichtigung des individuellen Willens des Erwerbenden, der mitentscheidet, welchem Vermögen ein Erwerb zuzuteilen ist.

Diese Betonung auch subjektiver Gesichtspunkte ist eine eigenständige Leistung des römischen Rechts. Im griechischen Recht jedenfalls hat die Berücksichtigung des Willens nie die Geltung erreicht wie bei den Römern. Bei der Erörterung der Surrogation im griechischen Recht haben wir sogar feststellen können, daß das griechische Recht den Surrogationsgedanken nicht nur zur Grundlage hatte, sondern daß es sich von dieser Basis auch später nicht entfernt hat. Es war sogar in der Lage, den Surrogationsgedanken in das Recht *Justinians* einfließen zu lassen.

Am stärksten ausgeprägt findet sich der griechische Surrogationsgedanke bei der *dos*. Das läßt sich vor allem damit erklären, daß *Justinian* das Dotalrecht, das ohnehin eine komplizierte Sonderentwicklung durchgemacht hatte, generell den Rechtsanschauungen des hellenistischen Ostens anzupassen versuchte.[109] Im Zuge dieser Umgestaltung, bei der die Stellung der Frau zur Mitgift entscheidend verstärkt und das Eigentum des Mannes am Dotalgut praktisch zur bloßen Nutznießung abgeschwächt wurde, kam somit auch der Surrogationsgedanke zum Tragen.

Ein allgemeines Prinzip rechtsgeschäftlicher Surrogation, wie es etwa in dem Satz „*in universitatibus pretium succedit in locum rei, res in locum pretii*" Ausdruck findet, kannte das römische Recht jedoch nicht.

Aus der Betrachtung ausgeklammert hatten wir bisher die Fälle, die wir mit „gesetzlicher Surrogation"[110] bezeichnen. Eine solche tritt allerdings bei den untersuchten Sondervermögen des römischen Rechts ohne weiteres ein: Aller Erwerb, der ohne vermittelndes Rechtsgeschäft auf Grund und an Stelle eines zu dem betreffenden Sondervermögen gehörendes Rechtes oder als Ersatz für die Zerstörung oder Entziehung eines zum Sondervermögen gehörenden Gegenstandes unmittelbar kraft Gesetzes gemacht wird, gehört zu diesem Sondervermögen.

Wird also etwa eine Erbschaftssache beschädigt, so fällt der Ersatzanspruch nicht etwa dem Erbschaftsbesitzer, sondern der Erbschaft und damit dem wahren Erben zu. Wird eine zum *peculium* gehörende Sache gestohlen oder beschädigt, so gehört die dadurch dem Gewalthaber erworbene Klage und ebenso der erlangte Ersatz *ipso iure* zum *peculium*.[111] Und wird schließlich

---

[109] Jörs / Kunkel, S. 288 (Fn. 1).

[110] Siehe oben S. 16.

etwa eine Dotalsache ohne Verschulden des Mannes zerstört, beschädigt oder entzogen, so wird der Entschädigungsanspruch bzw. die erlangte Entschädigung dotal, so daß also Surrogation eintritt, die von der Frau bei Auflösung der Ehe oder bei eintretendem Vermögensverfall des Mannes geltend gemacht werden kann.[112]

111 Vgl. z. B. D. 15, 1, 7, 5: „*Sed et si quid furti actione servo deberetur vel alia actione, in peculium computabitur. . .*" und D. 47, 2, 52, 26: „*. . . quamvis enim domino quaeratur furti actio, attamen in peculio servi est.*" sowie D. 15, 1, 7, 6; D. 15, 1, 7, 7; D. 15, 1, 9, 1.

112 Bechmann II, S. 229; Windmüller, S. 33; Waller, S. 17; Beyer, S. 59. Vgl. auch D. 23, 3, 78, 4 und D. 23, 3, 18, 1 a. E.

§ 5 Das mittelalterliche deutsche Recht

I. Die Sondervermögen des mittelalterlichen deutschen Rechts und ihre Substanzerhaltung

Wie die Übersicht zum römischen Recht ergeben hat, spielte der Gedanke einer dinglichen Surrogation in der klassischen Epoche keine Rolle und auch im Gesetzgebungswerk *Justinians* kam ihm nur eine äußerst eingeschränkte Bedeutung zu. In den meisten Fallgruppen kam man ohne ein solches Konstruktionsprinzip aus. Aber auch das germanische und mittelalterliche deutsche Recht[1] haben nichts Vergleichbares entwickelt. Zwar hat *Kohler* den Gedanken „von der organischen Einheit, welche das Vermögen als Ganzes zusammenhält", den Gedanken „von einem Ganzen mit ständiger Subrogation der neuerworbenen und Abstoßung der altgebrauchten Stücke" als „urgermanisch" angesehen.[2] Allerdings darf diese Aussage keineswegs dahingehend interpretiert werden, daß das germanische oder mittelalterliche deutsche Recht bereits ein ausgebildetes Surrogationsprinzip kannten; das geht schon daraus hervor, daß *Kohler* die Ausgestaltung des Surrogationserwerbs Glosse und Kommentatoren zuschreibt.[3] Dennoch dürfte er in der Sache selbst die rechtshistorischen Zusammenhänge zumindest insoweit richtig gesehen haben, als auch das mittelalterliche deutsche Recht die Grundlagen für eine dingliche Surrogation mitgeschaffen hat.[4]

Praktischen Anreiz zur Entwicklung von Grundlagen für eine objektive bestimmte Surrogation bot zum einen die Tatsache, daß dem deutschen Recht Sondervermögen durchaus geläufig waren und diese zum anderen auf Grund

---

[1] Zum Begriff des „germanischen" bzw. „deutschen" Rechts vgl. Kaufmann, S. 9.

[2] Kohler, Vermögen, S. 3. Die hier von Kohler angeführten Beispiele und Belege beziehen sich jedoch nicht auf die Surrogation, sondern – anhand des Falles der Erbschaft – zum einen auf den „Gedanken der Einheit des Vermögens" und dessen Erhaltung nicht nur (wie ursprünglich) durch rein gesetzliche Erbfolge, sondern auch durch die in der weiteren Entwicklung erwachsene Möglichkeit der künstlichen Schaffung von Leibeserben (Affatomie des fränkischen Volksrechts, Thinx oder Garethinx des langobardischen Edikts) sowie zum anderen auf die im germanischen Recht desweiteren entwickelten Modalitäten der letztwilligen Zuwendung, durch die Teile des Gesamtvermögens (z. B. Heergerät oder Gerade) oder der Nießbrauch am Gesamtvermögen gesonderter Behandlung unterworfen wurden und dadurch juristische Selbständigkeit gewannen (z. B. Verfügung über das Vermögen *reservato usufructu, donatio post obitum, donatio pro anima*). Vgl. ausführlich zur Entwicklung Heusler II, S. 621 ff.; Berolzheimer, S. 12.

[3] Kohler, Vermögen, S. 4.

[4] Ähnlich Bockemühl, S. 80.

ihrer überragenden Bedeutung auch eine besondere Bestandssicherung beanspruchen konnten.[5]

Schon in älterer Zeit wurden Inbegriffe körperlicher Sachen mit gemeinsamer Zweckbestimmung, wie Heergerät, Gerade, Aussteuer der Braut, Gutsinventar, Viehherde usw. als Sacheinheiten angesehen und als solche besonderen Rechtsschicksalen unterworfen; auch die gesonderte Behandlung von feudalem und allodialem Gut, Stammgut, Erbgut, gewonnenem Gut sowie die Bedeutung rein objektiver Gemeinschaften gehört hierher.[6]

Frühzeitig wurden schließlich unkörperliche Sachen in die Sachverbände hineingezogen, so daß der Begriff der Sacheinheit auf ganze Vermögensinbegriffe erstreckt und eine reiche Mannigfaltigkeit in sich verbundener Sondervermögen ausgebildet werden konnte.[7]

Dabei entwickelten sich diese Sondervermögen aus den körperlichen Sacheinheiten, indem z. B. Lehngüter zu Lehensvermögen, Schiffe zu Schiffsvermögen oder Warenlager zu Handelsvermögen erweitert wurden. Selbst Gerade und Heergerät konnten Forderungen und Schulden in sich aufnehmen, so daß die Grenzen zwischen Sacheinheit und Sondervermögen oft flüssig waren.[8]

Über eine allgemeine Anerkennung der Sondervermögen hinaus war das deutsche Recht bemüht, diesen aufgrund ihrer besonderen Lage und Bedeutung auch eine weitgehende Bestandssicherung zukommen zu lassen.

Entsprechend der Entwicklung von Sacheinheiten zu Sondervermögen erfolgte – ebenfalls auf dem Wege einer fortschreitenden Abstraktion – eine stufenweise Verwirklichung dieses Schutzgedankens.[9]

Zunächst finden sich teilweise Verfügungsbeschränkungen, später Ansätze für Bestandserhaltungsklauseln. Am Ende der Entwicklung steht der Gedanke der Substanzerhaltung des Sondervermögens durch dingliche Surrogation. Diesen letzten Schritt bereitete das deutsche Recht zwar vor, vollzog ihn jedoch noch nicht.[10]

Die Entwicklung läßt sich in groben Zügen folgendermaßen kennzeichnen:[11]

---

[5] Bockemühl, S. 80 und S. 82.

[6] Gierke, Privatrecht II, S. 49 und Genossenschaftsrecht II, S. 65; Berolzheimer, S. 11.

[7] Gierke, Privatrecht II, S. 50.

[8] Gierke, Privatrecht II, S. 50 (Fn. 4).

[9] Bockemühl, S. 82.

[10] Bockemühl, S. 88.

[11] Die Darstellung der deutsch-rechtlichen Entwicklung folgt im wesentlichen Conrad I, S. 40 ff., 157 f., 406 f.; vgl. auch Bockemühl, S. 82 ff.

Ausgangspunkt des germanischen Familienrechts ist die patriarchalische Familienverfassung. Der Hausherr hatte die Hausgewalt (munt) über alle der Hausgemeinschaft angehörigen Personen; der unbedingten Herrschaftsstellung des Hausherrn in persönlicher Beziehung entsprach seine vermögensrechtliche Alleinberechtigung: Alles bewegliche und unbewegliche Gut (soweit letzteres nicht noch Eigentum der Sippe war) stand als Hausgut im Eigentum des Hausherrn. Das Gut des Hausherrn war jedoch in der Hausgemeinschaft gebunden. Zwar konnte er über das Gut verfügen, war jedoch in seiner Verfügungsmacht durch die Anwartschaftsrechte (Wartrechte) der Hausgenossen, vor allem der Söhne, beschränkt. Ohne deren Zustimmung war eine Verfügung des Hausherrn unwirksam.[12] Ein unbeschränktes Verfügungsrecht hatte er dagegen an den seinem persönlichen Gebrauch dienenden beweglichen Sachen, der Kleidung, den Waffen und dem Streitroß (sog. Heergeräte).

Aus der Muntgewalt des Hausherrn leitete sich schließlich sein Recht her, das Gut der Frau, das aus Aussteuer und Morgengabe bestand, und das Gut der Kinder in Gewere zu rechter Vormundschaft zu nutzen und zu verwalten, d. h. diese Vermögensmassen sollten weder wachsen noch schwinden. Die Verfügung über ihre persönliche Ausstattung, die sogenannte Gerade, stand der Frau selbst zu.

Außerdem waren diese neben dem in der Hausgemeinschaft gebundenen Gute (Hausgut) geschilderten Sondergüter einer gesonderten erbrechtlichen Regelung unterworfen. Soweit sie nicht den Verstorbenen als Totengabe mitgegeben wurden, fielen sie an die nächsten Verwandten: das Heergerät an den nächsten männlichen Verwandten, die Gerade an die nächste weibliche Verwandte. Im übrigen gingen bei kinderloser Ehe die Güter der verstorbenen Frau an diejenigen, von denen sie gekommen waren (Rückfallrecht): die Aussteuer an die Verwandtschaft der Frau, die Morgengabe an den Mann.

Im Kindschaftsrecht kam der Schutzgedanke bei dem in der Hand des Vaters sich befindlichen Gute des Kindes klar zum Ausdruck. Zwar konnte das Kind eigenes Vermögen haben, doch standen Verwaltung und Nutznießung dem Vater in vormundschaftlicher Gewere zu. Nur in Ausnahmefällen waren ihm Verfügungen über das Kindesvermögen gestattet. Bei Beendigung der väterlichen Gewalt hatte er das Kindesvermögen diesem in seinem unveränderten Werte, also mit Ersatz jeder nicht ohne sein Verschulden entstandenen Minderung herauszugeben; es galten die Grundsätze: „Kindesgut – eisern Gut; Mündelgut soll weder wachsen noch schwinden.“[13]

---

[12] Siehe auch HRG I, Art. Familie, Sp. 1067 ff.; Art. Hausgemeinschaft, Sp. 2024 f.; Art. Hausgut, Sp. 2028 f.

[13] Vgl. auch HRG II, Art. Kindesgut, Sp. 731, HRG III, Art. Mündelgut, Sp. 735 ff.

Im weiteren Verlauf der mittelalterlichen Rechtsentwicklung wurde im ehelichen Güterrecht der Gedanke des Familiengutes überwunden und durch den Gedanken der Einheit des Ehegutes ersetzt. Das Gut der beiden Gatten wurde nunmehr zum Ehevermögen zusammengefaßt und in seinem rechtlichen Schicksal nicht mehr wie das Familiengut von seiner Herkunft abhängig gemacht. Das Ehegüterrecht[14] wurde nunmehr von zwei Grundtypen beherrscht: der Verwaltungs- und der Gütergemeinschaft. Gemeinschaftlich war diesen Güterrechtssystemen die Zusammenfassung der Vermögen der Gatten zu einer Einheit, bei der Verwaltungsgemeinschaft zu einer Verwaltungseinheit und bei der Gütergemeinschaft zu einer Rechtseinheit. Die Verwaltung des Ehegutes oblag dem Ehemann, dem auch die alleinige Verfügungsbefugnis über das Gut zustand.[15] Bei der Verwaltungsgemeinschaft galt zum Schutz der Frau weiterhin der Satz: „Frauengut soll weder wachsen noch schwinden."[16]

Überblickt man zusammenfassend die rechtliche Entwicklung, so zeigt sich, daß der deutsche Rechtskreis im Mittelalter eine weithin ausgestaltete Anerkennung von Sondervermögen verschiedenster Art erlebte. Bestimmten Sondervermögen wurde ein besonderer Schutz zugesprochen, der auf unterschiedliche Weise zu verwirklichen versucht wurde, teils durch Verfügungsbeschränkungen, andererseits durch Bestandserhaltungsklauseln (das Sondergut „soll nicht schwinden"), wobei gleichzeitig ein Fortentwicklungsinteresse des Sondervermögens ausdrücklich verneint wird (das Sondergut „soll nicht wachsen"). Erst im Spätmittelalter begegnet man etwa der Vorschrift, die nicht für das Kind verwendeten Früchte des Kindesvermögen diesem zuzuschlagen.[17]

Allerdings war mit den genannten Bestandserhaltungsklauseln eine dingliche Sicherung noch nicht verbunden, so daß, soweit die betreffenden Sondervermögen vermindert waren, nur persönliche Entschädigungsansprüche geltend gemacht werden konnten.[18]

---

[14] Siehe auch HRG I, Art. Gütergemeinschaft, Sp. 1871 ff.; Art. Güterrecht, Sp. 1874 ff.; Art. Gütertrennung, Sp. 1876 f.

[15] Vgl. die Bestimmungen des Sachsenspiegels: *„Man unde wif ne hebbet nen tweit gut to erme live"* (Ssp. I, 31 § 1); *„Swen en man wif nimt, so nimt he in sine were al er gut to rechter vermuntscap"* (Ssp. I, 31 § 2); *„En wif ne mach ok ane eres mannes gelof nicht eres gudes vergeven, noch egen verkopen, noch liftucht op laten, dorch dat he mit er in den weren sit"* (Ssp. I, 45 § 2).

[16] Hübner, S. 562; Planitz, S. 129.

[17] Planitz, S. 134.

[18] Beseler, S. 583 f.

II. Die Verobjektivierung von Vermögenseinheiten und ihre Bedeutung für eine dingliche Surrogation

Eine solche Entwicklung war vor allem deshalb möglich, weil das deutsche Recht nicht wie das römische Recht als Ausgangs– und Mittelpunkt aller Rechtsverhältnisse ausschließlich die Personen ansah, sondern neben diesen zugleich die Sachen als selbständige Pole der Rechtsgestaltung behandelte.[19] *Gierke* umschreibt dies folgendermaßen:[20]

Waren nämlich im römischen Recht „die Sachen schlechthin nur Herrschaftsobjekte, nie Begründer oder Gestaltungsgeber des Willens" und gab es „daher auch keine dingliche Erweiterung und keine dingliche Gebundenheit der Persönlichkeit", so war demgegenüber dem deutschen Recht „die Person nicht absoluter, sondern bedingter Wille, das Recht nicht einseitige Befugnis, sondern zugleich befugende und bindende Beziehung", so daß „auch die Sache zugleich als bedingt durch das Recht und als bedingend für das Recht, als Endpunkt und als Ausgangspunkt der auf sie gerichteten Willensbeziehung" erscheint.[21] „So konnten die einzelnen Sachen im weitesten Umfange mit bestimmten Rechtsqualitäten bekleidet" werden und „untereinander in die mannichfachsten objektiven Beziehungen . . . treten . . . Und weil hier überall die Beschaffenheit, Gliederung und objektive Zusammengehörigkeit der Sachen bedingend und bestimmend für das an ihnen haftende Recht war, dieses Recht aber wiederum die Willensphäre seines Subjektes färbte und begränzte, so konnte der Wille selbst dinglich erweitert oder gebunden, die Persönlichkeit mithin durch die Sachen modificirt werden".[22]

Somit ergab sich schließlich „im Verhältniß zum eigenen Subjekt eine für das römische Recht undenkbare Selbständigkeit der Sache. Denn eine Sache oder ein Inbegriff von Sachen" konnte „im Verhältniß zu Einem sie beherrschenden Willen mit eigner rechtlicher Individualität bekleidet und mehr oder minder abgeschlossen und gegliedert sein. Indem es so möglich" wurde, „daß eine Sache oder ein Vermögen nicht schlechthin, sondern in bestimmter objektiver Beschaffenheit und Verbindung als Gegenstand eines Willens gedacht" wurde, „daß also bei größeren Gesammtsachen und Vermögenseinheiten der Wille nicht alle Theile und Glieder, alle einzelnen Rechte und Pflichten gleichmäßig durchdringt, sondern erst mittelbar durch das Haupt die Pertinenzen beherrscht und vertritt", entstanden „zusammenhängende, in sich gegliederte und geschloßene objektive Rechtssphären, welche auch unabhängig von ihren Trägern eine gewiße rechtliche Bedeutung" entwickelten.[23]

---

[19] Bockemühl, S. 87 f.
[20] Gierke, Genossenschaftsrecht II, S. 65 ff.
[21] Gierke, Genossenschaftsrecht II, S. 66.
[22] Gierke, Genossenschaftsrecht II, S. 67.
[23] Gierke, Genossenschaftsrecht II, S. 67 f.

Aufgrund der Möglichkeit, bestimmte Inbegriffe von Rechtsobjekten zunächst nach objektiven Gesichtspunkten zu gruppieren, durch sachliche Beziehungen zu einem Ganzen zu verbinden und diese in der so begründeten Selbständigkeit an ihre Subjekte heranzubringen, eröffnete das deutsche Recht für die Frage der Verwirklichung des Bestandserhaltungsinteresses dieser Vermögenseinheiten gleichzeitig den Weg, in Bezug auf die Regeln der Rechtszuordnung in rechtstechnischer Hinsicht einen Güteraustausch im Gegensatz zu dem weitgehend auf das Willensprinzip des Rechtssubjekts festgelegten römischen Recht nach objektiven Maßstäben vollziehen zu lassen.[24]

[24] Bockemühl, S. 87 f.

§ 6 Mos Italicus

I. Die Lehre von den *universitates rerum*

Mit der Neuentdeckung der Digesten war die wissenschaftlich vertiefte Arbeit am römischen Recht durch die Glossatoren wieder aufgenommen worden.[1] Bemühten sich diese allein um die Wiederbeherrschung des im *Corpus iuris* gesammelten Rechtsstoffes, so war das römische Recht demgegenüber für die Kommentatoren zwar wohl das wichtigste, immerhin jedoch nur ein Element im Aufbau eines Rechtssystems, das bestrebt war, die ganze Rechtswirklichkeit seiner Zeit zu erfassen.[2]

Hierzu war es erforderlich, Gewohnheits- und Statutarrechte, die mannigfachen Rechtsfiguren des Hoch- und Spätmittelalters, aber auch das weite Gebiete des bürgerlichen Lebens regelnde kanonische Recht zu berücksichtigen.[3] Diese Stofferweiterung bewirkte, daß Institutionen und sogar ganze Disziplinen, denen im justinianischen Recht die Grundlagen fehlten oder nur in kasuistischen Ansätzen vorlagen, deren Voraussetzungen vielmehr kirchlich, germanisch oder gemeineuropäisch waren, zuerst von den Konsilatoren wissenschaftlich erschlossen wurden.[4]

Auch die dem germanischen Rechtskreis entstammenden Sondervermögen behielten unter dem Einfluß des wiederauflebenden römischen Rechts uneingeschränkt ihre Bedeutung:

> „Diese lebensvollen Gebilde vermochte das römische Recht um so weniger zu unterdrücken, als es auch seinerseits bei allem Streben nach Vereinzelung der Rechtsobjekte Zugeständnisse an den Begriff der Gesamtsache keineswegs vermieden hatte. Vielmehr wurde aus den im *Corpus juris* enthaltenen Keimen unter dem Einflusse der germanischen Rechtsanschauungen eine umfassende Theorie entwickelt, die den allgemeinen Begriff der *universitas rerum* im Sinne eines von den verbundenen Einzelsachen verschiedenen Sachganzen aufstellte und durch die Unterscheidung der *universitas juris* und der *universitas facti* dem besonderen Wesen der Inbegriffe von Sachkörpern einerseits und der Vermögensbegriffe andererseits gerecht zu werden suchte."[5]

---

[1] Dilcher, S. 388 f.
[2] Wieacker, S. 81.
[3] Wieacker, S. 81.
[4] Wieacker, S. 84.
[5] Gierke, Privatrecht II, S. 50.

Dem römischen Recht selbst war eine solche Unterscheidung unbekannt gewesen. Das Wort *universitas*[6] wird zwar schon in den Quellen unter anderem gebraucht sowohl zur Bezeichnung einer Mehrheit einzelner Sachen[7] als auch zur Bezeichnung eines Inbegriffs von Sachen und Rechte, die einer bestimmten Person rechtlich zustehen,[8] es begegnet aber auch zur Kennzeichnung einheitlicher zusammengesetzter Gesamtsachen,[9] des weiteren im Sinne von Grundstückseinheit[10] und einheitlichem Territorium.[11] Vor allem findet man den Begriff *universitas* im Sinne einer Gesamtheit von Personen in ihrer Allgemeinheit wie in organisierter Zusammenfassung im Gegensatz zur einzelnen Person.[12]

Vor dem Hintergrund dieses mannigfaltigen Gebrauchs, den die römischen Rechtsgelehrten von dem Ausdruck *„universitas"* machten, entwickelte die mittelalterliche Schule Norditaliens die Lehre von den *universitates rerum*:

So wie es im Gegensatz zum einzelnen Rechtssubjekt *(persona singula)* eine Korporation mehrerer Rechtssubjekte gibt *(universitas personarum)*, so gibt es im Gegensatz zum einzelnen Rechtsobjekt *(res singula)* auch eine *universitas rerum* als Ansammlung von Sachen und Rechten. Und wie bei den Personengesamtheiten war für die *universitas rerum* die Unabhängigkeit der sie bildenden einzelnen Sachen und Rechte vom Ganzen charakteristisch. Folglich bleibt die *universitas*, sosehr sich auch die einzelnen Bestandteile ändern, untergehen, ersetzt werden, vermehren oder vermindern, die gleiche.[13]

---

[6] Vgl. Heumann / Seckel, *universitas* ; Sintenis I, S. 430 (Fn. 60); Heimbach, Sache, S. 483 (Fn. 131).

[7] Zur *universitas* als Bezeichnung einer Mehrheit einzelner Sachen vgl. z. B. D. 7, 1, 70, 3 (*„gregis vel armenti vel equitii, id est universitatis usus fructus legatus est"*). In den Quellen ist auch von *„corpora, quae ex distantibus corporis contant"* und *„uni nomini subiecta sunt"* die Rede (D. 41, 3, 30 pr.).

[8] Zur *universitas* als Inbegriff von Sachen und Rechten siehe z. B. D. 5, 3, 20, 10 (*„hereditas, peculium castrense vel alia universitas"*), D. 33, 4, 1, 4 ("*„quod diximus ipso iure dotem impensis minui, non ad singula corpora sed ad universitatem erit referendum"*), D. 37, 1, 3 pr. (*„universitatis cuiusque successio"*).

[9] Zu *universitas* als Gesamtsache vgl. z. B. D. 41, 3, 23 pr. (*„separatis corporibus, ex quibus aedes constant, universitas aedium intellegi non poterit"*), D. 41, 1, 7, 11, D. 48, 24, 8.

[10] Zu *universitas* als Grundstückseinheit siehe z. B. D. 41, 4, 2, 6 (*„universitas fundi possidetur, non singulae partes"*), D. 31, 10, D. 10, 2, 30.

[11] Zu *universitas* als einheitliches Gebiet siehe D. 50, 16, 239, 8 (*„territorium est universitas agrorum intra fines cuiusque civitatis"*).

[12] Siehe z. B. D. 1, 8, 6, 1 (*„universitatis sunt, non singulorum"*) D. 3, 4, 2 (*„pro universitate intervenit, non pro singulis"*).

[13] Bartolus zu D. 31, 65: *„universitas, augmentum et diminutio contingens"* und über die *taberna* (zu D. 20, 1, 34): *„appellatio tabernae refertur ad merces, est nomen universitatis, sicut grex et peculium et similia, et immo licet merces mutentur, tum eadem videtur esse taberna."* Ebenso die Glosse zu D. 20, 1, 34; Jason de Mayno zu D. 30, 22: *„in istis universalibus unum subrogatur loco alterius, et ipsa universitas remaneat eadem."*

Als *universitates rerum* werden u. a. bezeichnet: *hereditas, peculium, dos, patrimonium*, Lehen, *taberna* und *mensa*.[14]

Desweiteren stellten die Glossatoren eine Unterscheidung zwischen einer *universitas facti* und *universitas iuris*[15] bzw. zwischen einer *universitas corporea* und *universitas incorporea et iuris*[16] auf und brachten mit diesen *subspecies* zum erstenmal das Begriffsganze, das aus Sachen besteht, zum Begriffsganzen aus Rechten in ihrer scholastischen Unterscheidungsmanier in bewußten scharfen Gegensatz.[17]

Ähnlich unterscheidet *Bartolus*[18] zwischen *universitates corporum tantum* und *universitates corporum et iurium*.

Eine aus körperlichen und unkörperlichen Dingen bestehende *universitas*, wie z. B. ein *peculium*, könne nicht vindiziert werden wie eine *universitas corporum tantum*, sondern man müsse sie mit einer anderen Klage in Anspruch nehmen, wie eine *hereditatis petitio* oder *actio ex testamento* u. ä.

Anknüpfend an diese Dichotomie entwickelte sich die Lehre, es gebe zwei Arten von *universitates rerum*,[19] d. h. von begrifflich und rechtlich als Einheit erscheinenden Vielheiten von Gegenständen: die *universitates facti* und die *universitates iuris*.

Unter einer *universitas facti* verstand man eine Ansammlung körperlicher beweglicher Sachen, wie eine Bibliothek, Herde, Warenlager, Inventar eines

---

[14] Eine vollständige Aufzählung findet man jedoch nirgends. Vgl. Bartolus zu D. 15, 1 vor l. 1, der die Worte Azos wiedergibt: „*Azo dicit quod est universitas quaedam cum in ea possunt esse mobilia et immobilia, corporalia et incorporalia . . . Nam quattuor sunt nomina universitatis, seu hereditas, bona, peculium et patrimonium.*"

[15] Glosse „*dicendum est*" zu D. 6, 1, 1, 3: „*quia universitas est facti, non iuris in his. Nam in universitate iuris aliud est.*"

[16] Glosse „*non utetur*" zu D. 15, 2, 1, 8: „*Sed peculium est universitas incorporea et iuris, in qua actiones continentur: sed illud est verum de corpore aliquo, vel corporea universitate, ut equitio.*"

[17] Waller, S. 6; Mühlenbruch, S. 325.

[18] Bartolus zu D. 6, 1, 56: „*Universitas corporum et jurium non vendicatur h. d. Vides ergo differentia inter universitatem corporum tantum, ut gregis, et ista potest vendicari, et universitatem corporum et jurium, ut peculium. De qua dic, ut in glossa, et ista non potest vendicari rei vendicatione. sed debent vendicari quaelibet alia corpora singula, ut hic, et l. peculio. j. de pec. leg. Alia tamen actione possunt peti, ut petitione hereditatis, vel actione ex testamento et similibus.*" und zu D. 25, 1, 5 pr.: „*Quaedam sunt nomina iuris rerum tantum, ut grex. Quaedam sunt nomina universitatis iurium et rerum, ut hereditas, peculium, dos, patrimonium et similia.*"

[19] Gelegentlich findet man auch eine dreifache Unterscheidung in *universitas iuris* (im Sinne einer Ansammlung von Rechten), *universitas facti* (im Sinne einer Ansammlung von körperlichen Sachen) und *universitas mixta* oder *iuris et facti* (im Sinne einer Ansammlung von Sachen und Rechten); siehe z. B. Alciat, S. 175 f.: „*Nomina juris alia sunt particularia, ut obligatio, servitus, dominium. Alia universalia, ea tripliciter assumuntur, aut enim universitas solius facti seu corporum est, ut grex, chorus, familia: aut juris et facti mixtim, ut peculium, dos, patrimonium; aut solius juris ut haereditas . . .*"

Landgutes, während man als *universitas iuris* einen Inbegriff von Sachen und Rechten ansah, wie das gesamte Vermögen einer Person, die *hereditas*, das *peculium* und nach Ansicht weniger[20] die *dos*.

II. „*in universalibus (iudiciis) pretium succedit in locum rei*"

Betonte man zunächst als einziges Unterscheidungsmerkmal zwischen *universitas facti* und *iuris*, daß erstere nur aus körperlichen Sachen bestehen könne, während letztere daneben auch Rechte und sonstige Gegenstände umfasse, so glaubte man später – neben der verschiedenen tatsächlichen Zusammensetzung – noch weitere grundlegende Unterscheidungskriterien zwischen den beiden Arten der *universitates* erkennen zu können.

Anknüpfend an *Bartolus*[21] war man etwa der Ansicht, der Eigentümer einer *universitas iuris* könne diese von einem nicht berechtigten Besitzer mit einer dinglichen Universalklage *(iudicium universale)* herausverlangen; bei der *universitas facti* gäbe es eine solche nicht.

Desweiteren bejahte man die Anwendbarkeit des bei der *hereditas* geltenden Prinzips *„fructus augent hereditatem"* für alle *universitates iuris*.[22]

Der wesentliche Unterschied jedoch bestand in der Anwendung der Maxime *„pretium succedit in locum rei et res in locum pretii"* auf die *universitates iuris* – und nur auf diese – durch die gemeinrechtliche Wissenschaft.

Den Ausdruck *„pretium succedit loco rei"* hat bereits die Glosse[23] im Anschluß an die bildhafte Erklärung: *„quia potest existimari in locum hereditariae rei venditae pretium eius successisse et quodammodo ipsum hereditarium factum"* in D. 5, 3, 22 – allerdings ausdrücklich beschränkt auf den Fall der *hereditatis petitio* – gebraucht.

Als eigentliche Urheber des Rechtssprichwortes, das als Modell für die dingliche Surrogation allenthalben Verbreitung gefunden hat, gelten allerdings die Kommentatoren, vorzüglich *Bartolus* und *Jason de Mayno*.

So bemerkt *Bartolus* im Kommentar zu D. 5, 3, 22: *„solum in universalibus iudiciis pretium succedit loco rei . . ., in particularibus secus"*, jedoch auch hier

---

[20] z. B. Bartolus zu D. 25, 1, 5 pr. (S. 60 (Fn. 18)). und zu D. 5, 3, 30, 3 (*„dos est nomen iuris, sicut haereditas et peculium"*) und D. 24, 3, 7 (*„dos quid universale est"*).

[21] Siehe oben S. 60 (Fn. 18).

[22] Vgl. D. 5, 3, 20, 3 und Bartolus hierzu: „. . . *in petitione hereditatis veniunt illi fructus, et est eadem hereditatis petitio. Responde quia hereditas est quid universale, et ideo recipit augmentum in se, sed res singularis, quae vendicatur, non augentur a fructibus. Fructus non sunt separati a re, et ideo nova vendicatione opus est . . . Simile vidistis in peculio . . . Simile in dote . . . Est enim dos nomen iuris, sicut hereditas et peculium."*

[23] Glosse *„quia potest"* zu D. 5, 3, 22: „. . . *Et not. hic, quod pretium succedit loco rei: quod est speciale in petitione hereditatis . . . Regulariter autem contra: . . . Item si stipulatus sum hominem a te et eum vendideris, non venit pretium in stipulatione . . ."*

– wie die Glosse – bezogen auf den Fall der *hereditas* und ohne etwa zwischen *universitas iuris* und *universitas facti* zu unterscheiden. Und hinsichtlich des sogenannten *fideicommissum hereditatis* (Erbschaftsvermächtnis)[24] findet sich zu D. 31, 70, § 3 und D. 31, 71[25] die Wendung: *„pretium et res comparata ex pretio succedit loco rei in universalibus"*.

Bei *Jason de Mayno* hat der Satz: *„in universalibus pretium succedit in locum rei"* offenbar in erster Linie den Sinn, daß sich innerhalb einer *universitas* die einzelnen Teile ersetzen lassen, ohne daß sich die *universitas* als solche verändert.[26, 27]

---

[24] Der Erbe (Fiduziar) ist aus dem Erbschaftsvermächtnis verpflichtet, dem Vermächtnisnehmer (Fideikommissar) – bei Eintritt einer Bedingung oder Befristung – die Erbschaft herauszugeben. Mit der Restitutionserklärung des *heres fiduciarius* tritt der Fideikommissar in die Stellung des Erben ein *(heredis loco)* und kann sodann mit der *hereditatis petitio fideicommissaria* die Erbschaft herausverlangen. Justinian hat, um den Fideikommissar davor zu schützen, daß der Fiduziar den Nachlaß vor der Herausgabe verschleudert, ein absolut wirkendes Verfügungsverbot erlassen. Danach sind Verfügungen des Fiduziars grundsätzlich nichtig; der Fideikommissar kann also die Nachlaßgegenstände nach Restitution des Erbschaftsvermächtnisses von jedem Besitzer vindizieren. Unter gewissen Umständen ist es jedoch dem Fiduziar gestattet, Verfügungen vorzunehmen. So darf der Erbe diejenigen Verfügungsgeschäfte tätigen, die zur Erhaltung des Nachlasses notwendig sind oder die dem Willen des Erblassers entsprechen. Hat der Erblasser dem Fiduziar unbeschränkte Verfügungsbefugnis eingeräumt, so braucht der Fiduziar dem Fideikommissar nur das letzte Viertel des Nachlasses zu erhalten *(fideicommissum eius quod supererit)*. Siehe hierzu Kaser, RPR I, S. 761 ff.; Kaser, RPR II, 563 f.

[25] D. 31, 70, § 3, D. 31, 71: *„Cum autem rogatus, quidquid ex hereditate supererit, post mortem suam restituere de pretio rerum venditarum alias comparat, deminuisse quae vendidit non videtur, l. 71 sed quod inde comparatum est, vice permutati dominii restituetur."* Die angeführten Stellen tragen sowohl dem Begriff der Erbschaft als eines Vermögensinbegriffes Rechnung, innerhalb dessen, zumal für einen längeren Zeitraum, in dem der Fiduziar die Erbschaft innehat, naturgemäß ein Wechsel der einzelnen darin enthaltenen Gegenstände eintreten kann, als auch der vermutlichen Absicht des Erblassers, dem es keineswegs auf die Identität der Nachlaßsachen ankommen dürfte. Allerdings wird bei jeder einzelnen Verfügung, die der Fiduziar getroffen hat, zu prüfen sein, ob und inwieweit sie zu einer tatsächlichen Verminderung geführt oder nur einen Austausch der Vermögensobjekte zur Folge gehabt hat; in einer veränderten Anlegung des Nachlasses ist an und für sich keine Verminderung desselben zu finden (so auch RGZ 7, 206 (211) zu D. 31, 70, § 3). Hat aber der Fiduziar mit Nachlaßmitteln z. B. etwas für seinen persönlichen Gebrauch angeschafft, so braucht er dieses dem Fideikommissar nicht herauszugeben. Auch hier wird wohl darauf abzustellen sein, ob die Anschaffung gerade *ex causa hereditatis* erfolgt ist.

[26] Jason de Mayno zu D. 30, 21: „. . . *Legatum universale gregis vel peculii comprehendit omne futurum incrementum etiam contingens post testamentum . . . quia universitas, sicut est grex, sui natura recipit incrementum et diminutionem et tamen est semper idem . . .*" und zu D. 30, 22: *„In istis universalibus unum subrogatur loco alterius et ipsa universitas remaneat eadem . . . Sic in universalibus pretium succedit loco rei. Secus est in legatis particularibus . . .*"

[27] Nach Mühlenbruch, Observationes juris Romani specimen primum (nicht im Buchhandel erschienen), S. 33 soll außerdem die Bemerkung der Glosse zu D. 5, 3, 20, 10 (*„Semper tamen, cum petitur peculium, item statuitur, quantum ad fructus et res et pretia et similia: quod est in hac hereditatis petitione")* zur Verwendung des *„pretium succedit"*-Satzes als Rechtsregel beigetragen haben; vgl. Scherer, S. 6.

Desweiteren führt man auch die Folgemaxime *„surrogatum sapit naturam eius, in cuius locum surrogatum est"* auf *Bartolus* zurück, obwohl er diese Aussage nicht – wie man vermuten könnte – in Bezug auf die *universitates*, sondern hinsichtlich einer völlig anderen Fallgestaltung getroffen hat. In seiner Erläuterung zu D. 2, 11, 10, 2 bezeichnet er die dort behandelte *actio ex stipulatu* als *„actio, quae in alicuius locum subrogatur, sapit naturam eius, in cuius locum subrogatur."*[28]

Anklänge an diese Parömie im Zusammenhang mit den *universitates* finden sich jedoch dagegen schon bei *Jason de Mayno*.[29]

Die Einprägsamkeit der betreffenden Sätze verhalf ihnen in der Folge zu einer Bedeutung weit über die Fälle hinaus, auf die sie eigentlich zugeschnitten waren.[30] In diesen unsicheren Grundlagen hat die moderne Lehre von der dinglichen Surrogation ihre Wurzeln.[31]

---

[28] Entsprechend zu D. 47, 4, 1, 10.

[29] Siehe oben S. 59 (Fn. 13).

[30] Girsberger, S. 17.

[31] Girsberger, S. 23.

§ 7 Das Recht nach der Rezeption

I. Die Übernahme der Lehre von den *universitates rerum* und ihre Fortbildung

1. Die Ergänzung des Satzes *„pretium succedit in locum rei“*: *„res succedit in locum pretii“*

Im Zuge der Rezeption des römischen Rechts und der Erklärungen der Glosse und Kommentatoren gelangte auch die Lehre von den *universitates rerum* mit den bei diesen angeblich geltenden Gesetzmäßigkeiten, so auch die Regeln *„in iudiciis universalibus pretium succedit in locum rei“* und *„surrogatum sapit naturam eius in cuius locum surrogatum est“* in die Rechtswissenschaften der Länder nördlich der Alpen.[1]

Auch hier war in erster Linie die *oratio Hadriani*,[2] die der Einführung des *Senatusconsultum Iuventianum* zugrunde lag, welche das gesuchte Material lieferte.[3]

Sich auf Glosse und Kommentatoren stützend erblickte man in der Umschreibung *„quia potest existimari in locum hereditariae rei venditae pretium eius successisse et quodammodo ipsum hereditarium factum“* die Bausteine für die Regel, auf die sich schließlich die dingliche Surrogation gründete:

Die erste Satzhälfte ging im ersten Teil der *„pretium succedit“*-Regel auf und ließ die auf Vollständigkeit bedachten Juristen solange nicht ruhen, bis

---

[1] Mitte des 16. Jahrhunderts gibt Goden die allgemeine Auffassung folgendermaßen wieder (Cons. 83 n. 24): *„an pretium succedat loco rei, communiter Doctores distinguunt: aut loquimur in petitione, sive iudicio universali, et pretium succedit loco rei . . . aut loquimur in iudicio, sive petitione particulari, et pretium non succedit . . .“*

[2] D. 5, 3, 22; siehe hierzu oben S. 26ff.

[3] Windmüller, S. 4; Waller, S. 7 (Fn. 1). Bei der *dos* diente zur quellenmäßigen Absicherung D. 23, 3, 54 und D. 24, 3, 22, 13: Was mit Dotalgeld erworben werde, gehöre wieder der *dos* zu. Für das *peculium* boten sich als Stütze die Stellen D. 47, 2, 52, 26, D. 15, 1, 7, 5 und 6 sowie D. 15, 1, 9, 1 an, welche an Stelle von zum *peculium* gehörigen, aber entwendeten oder beschädigten Sachen die dem Gewalthaber dadurch erworbene Klage oder den erlangten Ersatz selbst *ipso iure* dem *peculium* zuweisen.

Vgl. auch Roßmann, S. 185 (Fn. a): „Die ersten Juristen sagten: *pretium succedit in locum rei.L. 22. de petit. heredit.L. 23. § 1. eod.L. 70 § ult. de legat. 2.L. 5 de donat. inter vir. et uxor. surrogatum enim sapit naturam surrogati L. 10. § 2. si quis caut. in iudic. Everhard. in logic. iurid. de surr. . . .*“

man auch noch die Ergänzung in der Umkehr „*res succedit in locum pretii*" gefunden hatte.[4, 5]

2. D. 5, 3, 20, 10: Die Anwendung des Satzes „*pretium succedit in locum rei et res in locum pretii*" auf alle *universitates iuris*

Und über eine weitere Digestenstelle verschaffte man der dinglichen Surrogation als Prinzip Anerkennung und potenzierte somit den Fehler, den man ursprünglich nur in einer Beziehung begangen hatte:[6]

D. 5, 3, 20, 10 (Ulp. 15 ed.):

„*Non solum autem in hereditate utimur senatus consulto, sed in peculio castrensi vel alia universitate.*"

Zunächst war man auf Grund der hierin enthaltenen Wendung „*vel alia universitate*" unter Berufung auf *Bartolus*[7] der Auffassung, jede *universitas iuris* könne mit einer der *hereditatis petitio* entsprechenden Universalklage (*iudicium universale, universalis in rem actio*) begehrt werden. Hätte gerade aber in diesem Zusammenhang die Stelle D. 6, 1, 56 Anlaß zu Bedenken geben müssen,[8] in der es heißt:

„*Vindicatio non ut gregis, ita et peculio recepta est, sed res singularis, cui legatum peculium est, petet*"

so behalf man sich hier auf die Weise, daß man sagte, die Stelle spreche nur von einer *in rem actio singularis* oder von uneigentlicher Vindikation.[9] Damit sah man sich gerade in der Meinung bestätigt, daß eine *universitas iuris* nicht vindiziert, sondern nur mit einer *universalis in rem actio* gefordert werden könne.[10]

---

[4] Girsberger, S. 23. Die Entwicklung läßt sich in den Einzelheiten nicht mehr rekonstruieren. Im 18. Jahrhundert begegnet man der vervollständigten „*pretium-succedit*"-Formel jedoch allenthalben; vgl. hierzu unten S. 68f.

[5] Darüber hinaus schließlich ließ sich die Formulierung „. . . *et quodammodo ipsum hereditarium factum*" als Grundlage für die Formel „*surrogatum sapit naturam eius cui surrogatum est*" heranziehen, beinhaltet sie doch, wenn man das „*quodammodo*" nicht beachtet, daß der Ersatzgegenstand die rechtlichen Eigenschaften der ausscheidenden Sache übernehme und damit selbst zum Nachlaßgut, zum *hereditarium*, werde; vgl. Girsberger, S. 23.

[6] Im einzelnen hierzu Mühlenbruch, S. 329 f.

[7] Siehe oben S. 61.

[8] Mühlenbruch, S. 330.

[9] Mühlenbruch, S. 330.

[10] Mühlenbruch, S. 330.

Lediglich *Cujaz* lehnte sich gegen diese Ansicht auf: eine *hereditas* könne vindiziert werden, nicht aber ein *peculium*, sofern es nicht als Erbschaft in Betracht komme.[11]

Hiergegen wurde eingewandt,[12] *Cujaz* sei im Irrtum, wenn er glaube, es gebe in Beziehung auf die Möglichkeit, durch eine *actio in rem universalis* seine Ansprüche auf eine *universitas iuris* zu verfolgen, einen Unterschied zwischen der *hereditas* und dem *peculium*. D. 6, 1, 56 spreche eindeutig nur von einer Vindikation oder *in rem actio singularis*, und ebenso ergebe sich aus D. 5, 3, 20, 10, daß man den Anspruch auf ein *peculium* genau wie bei der *hereditas* mit einem *iudicium universale* geltend machen könne. Die Erwähnung des *peculium castrense* in D. 5, 3, 20, 10 deute auch nicht etwa auf eine besonderes Recht gerade dieses *peculium* hin, sondern sei lediglich als eine Art der *universitas* hier aufgeführt und bloß deswegen speziell genannt, weil zur Zeit *Ulpians* kein *peculium* seinem Inhaber mehr Rechte gewährt habe, als das *peculium castrense*.[13]

Konnte somit nach nahezu einhelliger Ansicht jede *universitas iuris* mit einer der *hereditatis petitio* entsprechenden Universalklage herausverlangt werden, so war es nur folgerichtig, daß auch alle anderen Grundsätze, die gemäß dem *SC Iuv.* für die *hereditatis petitio*, dem Prototyp des *iudicium universale*, gelten sollten, für alle Universalklagen Wirksamkeit beanspruchen durften.

So leitete man ebenfalls aus D. 5, 3, 20, 10 die allgemeine Geltung des *„pretium succedit etc."* für alle *universitates iuris* ab; und diese Vermutung fand man dann in den übrigen genannten Stellen bestätigt, in denen man bloße Spezialanwendungsfälle der neu gewonnenen Regeln erblickte.[14]

Daß dabei das Fragment D. 5, 3, 20, 10 seines eigentlichen Sinnes beraubt wurde, erkannte man nicht oder wollte man zumindest nicht wahrhaben.

Dahinter steht nämlich die Frage, ob derjenige, zu dessen Gunsten ein *filius familias* über sein *peculium castrense* testamentarisch verfügt hatte, als eigentlicher *heres* anzusehen und das *peculium* wie eine *hereditas* zu behandeln sei.[15]

---

[11] Cuiacius, ad Lib. LXXVIII. Dig. Salv. Iul. Ad. l. 56 D. de rei vind.; Mühlenbruch, S. 331.

[12] Mühlenbruch, S. 331 f., verweist insbesondere auf Balthasar Branchu, Observ. jur. Rom.; siehe hierzu auch nächste Fußnote.

[13] Balthasar Branchu (cap. VI. p. 54 sq., zitiert nach Mühlenbruch S. 322): *„Verum, estne hic aliquid singulare, ut putavit Cujacius, quoniam peculii castrensis mentionem fecit Ictus? Minime; ex eo enim, quod adjicit vel alia universitate, satis manifestum est, hic peculii castrensis meminisse ideo, quod esset peculium, i. e. universitas bonorum: adjecit autem vocem castrensi, quia eo tempore nullius alterius peculii dominium et jus plenius erat penes ejus possessorem; et sic exemplum aptius erat."*

[14] Genner, S. 7; Girsberger, S. 26. Am deutlichsten findet sich diese Auffassung bei Glück; siehe unten S. 69.

Vor allem *Paulus* und *Ulpian* haben sich für die Ansicht ausgesprochen, der Inhaber eines *peculium castrense* könne sich gleich einem selbständigen Bürger einen eigentlichen *heres* ernennen.

Trägt ersterer dies noch als seine persönliche Meinung vor,[16] so bezeugt jener in D. 5, 3, 20, 10 zugleich, daß sich die Praxis bereits für diese Meinung entschieden hatte.

Was schließlich den Zusatz „*vel alia universitate*" angeht, so bezieht sich dieser auf die der *hereditas* nachgebildeten *per universitatem successiones*, nicht aber auf die *universitates*, wie sie die Pandektisten auffaßten.[17]

II. Die Kritik von *Faber* und *Cujaz*

Lediglich einige wenige, darunter *Faber* und *Cujaz*, ließen sich nicht von der Allgemeinheit der Maxime „*in iudiciis universalibus pretium succedit in locum rei et res in locum pretii*" täuschen und versuchten, deren Tragweite zu begrenzen.

So läßt *Faber*, nachdem er entsprechend der allgemeinen Auffassung eine Surrogation bei den *iudicia singularia* ausgeschlossen hat,[18] eine solche zwar bei den *iudicia universalia* zu, begreift darunter jedoch nur die „*hereditas sive legitima, sive fideicommissaria*".[19]

Und *Cujaz*, hinter den Regeln und Distinktionen der italienischen Juristen – dem „accursischen Absinth" – den justinianischen Text des *Corpus iuris* aufsuchend, lehnte sich nur insoweit äußerst vorsichtig an das „*pretium succedit in locum rei et res in locum pretii*" an, als er im Hinblick auf D. 5, 3, 22 bezüglich

---

[15] Mühlenbruch, S. 341 f. Zur Verfügungsfähigkeit von Todes wegen über das im Heeresdienst (*in castris*) erworbene Vermögen siehe oben S. 39 sowie Kaser, RPR I, S. 344.

[16] D. 5, 3, 34 pr.: „*Filii familias militis puto peti posse hereditatem ex testamento nobis obvenientem.*"

[17] Mühlenbruch, S. 343 f., Bonfante, S. 553 f., hält „*vel alia universitate*" für interpoliert.

[18] Faber, Lib. III, tit. XXII, def. V: „. . . *non succedit pretium loco rei, nec res loco pretii, multoque minus res loco rei: pretium enim no ex re, sed negotiatione percipitur. Sicut et aliqua re vendita, quod ex redacto pretio comparatur, non pretii sed conventionis potestate acquiritur.*"

[19] „*In judiciis universalibus, cujusmodi sunt illa, quibus petitur hereditas sive legitima, sive fideicommissaria, aliud est. Hereditatis namque nomen sicut juris est, et universitatem successionis demonstrat, ita rem unam acque ac aliam, et rei pretium acque ac rem ipsam, et contra rem ex pretio comparatam acque ac rei pretium complecitur . . . Si ex pecunia in hereditate reperta heres res comparaverit, tum rem illam vendiderit, pecunia ex venditione redacta veniet in petitionem hereditatis, quoniam pecunia functionem recipit in suo genere, species non item.*"

der *hereditas* nur den ersten Teil der Formel anführt[20] und mit Rücksicht auf D. 23, 3, 54 hinsichtlich der *dos* nur deren zweiten Teil gelten läßt[21] und anhand der Quellen zu konkretisieren versucht.

Jegliche Kritik verhallte jedoch ungehört: „Allein bei den Methodisten, zumal in Deutschland, fanden die s. g. allgemeinen Rechtswahrheiten viel zu großen Beifall, als um sich durch solche Bemerkungen irre machen zu lassen."[22]

III. Der Stand der Lehre im 17. und 18. Jahrhundert

In Bezug auf die dingliche Surrogation hat die gemeinrechtliche Lehre den eben beschriebenen Weg, der von einem anschaulichen Ausdruck ausging und bei einer Regel endete, daher zunächst einmütig beschritten.[23]

---

[20] Cuiacius, in Tit. I de legatis 2, lib. XXXI Dig., ad l. LIV: „. . . *Igitur pretium illud videtur esse ex hereditate, pretium succedit loco rei, ut vulgo dicitur, res fuit hereditaria, pretium etiam esse hereditarium, et iure hereditario capit, et ideo imputabitur in Falcidam, neque deducetur quicquam ex fundo vendito interveniente Falcidia* . . ." Siehe aber auch Cuiacius, in Lib. I Quaest. Pauli, Ad. l. XVII quod metus causa: „. . . *Qui pretium habet, vel aliam rem, & rem principalem habere videtur, l. qui pretio, de usufr. Qua ratione subiicit Iulianus ex constitutione Divi Antonini, petitione hereditatis teneri non tantum eum, qui rem hereditariam possidet, sed & eum, qui rem hereditariam distraxit, & pretio eius utitur fruitur, quia pretium existimatur successise in locum rei hereditariae: & quodammodo ipsum hereditarium factum esse l. si ad rem 25. inf. de petit. hered.* . . ." und Cuiacius, in lib. XX Pauli ad Edictum, Ad l. 22 de pet. hered.: „. . . *Et potest existimari (inquit eadem oratio) in locum rei hereditariae venditae pretium eius successisse, & quodammodo ipsum hereditarium factum, quatenus scilicet possessor ex eo factus est locupletior. potest existimari, inquit, in hac actione, scil. quae est de universitate. Idque constitutione Divi Antonini definitum est, l. si ipsa res, quod met. caus. & confirmatur l. quia qui pretio, de usufr. l. pater, de adimend. leg. In hac, inquam, actione, quae est de universitate, quae est de petitione hereditatis, potest existimari pretium succedere in locum rei hereditariae vendite, & quodammodo hereditarium fieri. Nec tamen idem potest existimari in actione in rem speciali* . . ."

[21] Cuiacius, ad Africanum Tractatus II, Ad l. Si eum servuus D. de reb. cred.: „. . .*Restabat quartum, an res ex pecunia mea, sit mea: quae regulariter non est mea, l. ad probationem, C. de probat. l. ex pecunia, C. d iu. dos. vt docui 5. Obs. c. 29 explicata l. res quae, D. de iu. dos. ex qua vulgo male colligunt, pretium succedere loco rei, quum hoc potius innuat, Rem succedere loco pecuniae. Sed vtrumque tamen doctorum Catholicum plerumque falsum est. ergo pro regula adferri non debet. Regula enim iuris non est nisi quae frequentissime vera est. Nulla est semper vera. Ait, Ex retua. Quia res legata ipso iure adquiritur ex XII. tab. Se quitur alia Africani quaestio in l. 46. D. de her. inst.* . . ." und Cuiacius, Observat. Et Emend. Lib. V, Cap. 29: „. . . *Ex tribus enim quae in eis libris referuntur, postrema verior est, ut non nisi marito non existente solvendo, res ex pecunia dotali comparata pro dotali habeatur, quae fuit Thalelaei* . . ."

[22] Mühlenbruch, S. 329; vgl. weiter S. 332: „So tief war und blieb man in unklaren und verworrenen Vorstellungen befangen, weil ein schlaffes, an blinde Nachbeterei gewöhntes Zeitalter weder die Kraft, noch den Muth zu haben schien, verjährten Vorurteilen durch eine ernste und scharfe Kritik zu begegnen!"

[23] Girsberger, S. 26.

Ganz auf dem Standpunkt dieser Lehre steht noch *Glück*, der sich mit aller Deutlichkeit für die Geltung des Surrogationsprinzips bei allen Vermögenskomplexen ausgesprochen hat:

„Es soll ferner bey einer solchen Rechtsuniversitas die Regel gelten: *res succedit in locum pretii, et pretium in locum rei;* oder welches eben so viel ist: *in universitatibus iuris surrogatum sapit naturam surrogati*. Das heißt, wenn mit dem Gelde, so zu einer *universitas iuris* gehört, eine Sache erkauft wird, so gehört dieselbe ebenfalls zur *universitas*, und hat nicht nur die Rechte derselben, sondern gehört auch dem zu, der an dem Ganzen Anspruch macht. Wenn ferner eine Sache veräussert wird, die zu einer solchen *universitate iuris* gehört, so tritt der Kaufschilling an die Stelle der verkauften Sache, und wird ein Theil vom Ganzen. Bey der *hereditatis petitione* ist diese Regel vermöge des Juventianischen Senatusconsultum von besonderer Wichtigkeit. Denn in diesem ist unter andern enthalten: *item placere, a quibus hereditas petita fuisset, si adversus eos iudicatum esset, pretia, quae ad eos rerum ex hereditate venditarum pervenissent, etsi eae ante petitam hereditatem deperissent, deminutaeve fuissent, restituere debere.* Auch bey der Ablieferung eines Fideicommißes, wie Papinian bestätiget: *Cum autem rogatus: Quidquid ex hereditate supererit, post mortem suam restituere, de pretio rerum venditarum alias comparat, deminuisse, quae vendidit, non videtur.* Wie diese Regel bey dem Peculium der Kinder zur Anwendung komme, ist schon an einem andern Orte dieses Commentars gesagt worden. Daß sie jedoch vermöge der extensiven Erklärung der römischen Rechtsgelehrten bey allen *universitatibus juris* statt finden solle, sagt Ulpian deutlich: *non solum autem in hereditate utimur Senatusconsulto, sed et in peculio castrensi, vel alia universitate (sc. iuris)* . . ."[24]

Was die allgemeine Lehre von den *universitates rerum* angeht, so begann man, indem man den Ausdruck *universitas iuris* auf Recht im objektiven Sinn bezog, sich immer mehr von der von der Glosse gewonnenen Erkenntnis von der Verschiedenheit der Begriffsganzen ihrem Gegenstand nach zu entfernen und zu lösen. Es herrschte die Vorstellung vor, die *universitas facti* werde gebildet durch die Willkür des Besitzers, daher auch *universitas honinis* genannt; die *universitas iuris* als das Vermögen einer Person oder ein gesetzlich umgrenztes Sondervermögen werde gebildet durch das Gesetz:

„*Universitas est rerum, vel personarum. Haec est . . . Illa iterum est vel facti, vel juris. Facti, quae facto hominis est constituta, et plura in se continet corpora, ut grex. Juris*

[24] Glück II, S. 492 ff. Zur Vindikation bemerkt er (S. 494 f.): „Noch ein anderer Unterschied zwischen *universitas iuris* und *facti* besteht darinn, daß bey letzterer die zu ihr gehörigen Stücke sowohl einzeln, als auch zusammen unter dem collectiven Namen der Universitas mit einer *actione in rem singulari* vindicirt werden können; allein bey einer *universitas iuris* hat keine Vindication des Ganzen, sondern nur einzelne Stücke derselben statt. Das Ganze muß mit einer *actione in rem universali* abgefordert werden. Hierher gehört die Stelle Julians *lib. 55. Digestor. Vindicatio non, ut gregis, ita et peculii recepta est, sed res singulas is, cui legatum peculium est, petet.*" Siehe auch Höpfner, S. 279 f.; als einziger von der h. M. abweichend Thibaut, S. 170: „Bey der *universitas iuris* findet die merkwürdige Regel Statt, daß der Besitzer derselben, wenn er zur Herausgabe des Ganzen verpflichtet ist, alles für die *universitas* angeschaffte, oder eingehobene dem, welchem sie zufällt, mit herausgeben muß."

dicitur, quae a juris dispositione dependet et plura quoque jura comprehendit, ut peculium filiifamilias vel servi, et licet constituatur voluntate patris, vel domini, trahit tamen originem ex ipso jure."[25]

Begleitet war diese Entwicklung ebenfalls von einer begriffstechnischen Bestandsaufnahme der Sondervermögen. Nach den Regeln, die man für die *universitates iuris* aufstellte, wurden nicht nur die Fälle behandelt, in denen das römische Recht angeblich Sondervermögen gebildet hatte,[26] sondern auch die schon seit je im germanischen Recht vorhandenen Sondervermögen wie Gerade, Morgengabe und dergleichen.[27]

---

[25] Lauterbach, Lib. 28, Tit. 1, § 1; vgl. auch Struve, Exerc. XI, 15: „*Habetur vero etiam pro uno corpore universitas corporum, adeoque vindicari potest, e.g. grex . . . Non vero peculium . . . cum sit universitas juris, seu a jure introducta, ac in jure consistens.*"

[26] Mühlenbruch, S. 330.

[27] Hasse, S. 7. Ein Hauptstreitpunkt war vor allem die Frage, ob das Lehen zu den *universitates iuris* zu rechnen sei. Vgl. etwa Goden, Cons. 84 n. 30: „*Feudum enim est quid universale. Ergo in eo pretium succedit loco rei, etiamsi non exprimitur.*" und Stryck, Cap. IV, qu. 26: „*An ergo pecunia ex feudo redacta, feudalis est? Resp. Neg. nec enim pretium in singularibus loco rei succedit, unde 2. F. 26 § Si Vassalus dicitur, quod pecunia, quam quis transactionis nomine pro feudo accepit, non sit feudum.*"

Siehe auch Roßmann, S. 192: „Man nimmt in dem Lehnrechte an, das Lehn sey ein *universale*: weiln darunter viele Theile, als die Jagd, die Gerichte, begriffen werden. Man schließt also weiter: *in universalibus iudiciis* tritt der Werth an die Stelle der Sache; folglich auch an die Stelle des Lehns; folglich ist das aus dem verkauften Lehn erhandelte Geld, so gut als das Lehn; folglich bleiben die Agnaten Mittherrn davon; folglich succediren die Lehnserben darein; folglich können die *creditores* des gewesenen Besitzers an dem Gelde nichts fordern, und selbiges weder mit Arrest beschlagen, noch *ad massam concursus* bringen."

§ 8 Die Lehre der Pandektistik des 19. Jahrhunderts

I. Die Angriffe von *Hasse* und *Mühlenbruch* auf die herrschende Meinung

Zu Beginn des 19. Jahrhunderts, als man unter dem Einfluß *Savignys* das Pandektenrecht einer Revision auf seine Quellenmäßigkeit unterzog, wandten sich *Hasse* und *Mühlenbruch* energisch gegen die Lehre von den *universitates iuris* und *facti*. Beide sprachen der Unterscheidung der *universitates* in *universitates facti* und *iuris* jegliche Berechtigung ab.

Sie leugneten damit auch, daß der Satz *„pretium succedit etc."* eine Eigentümlichkeit der *universitates iuris* sei.

Hasse führte in einem im Jahre 1822 unter dem Titel „Ueber *Universitas juris* und *rerum*, und über Universal- und Singular-Succession" veröffentlichten Aufsatz aus, daß der Begriff *universitas* nach den Quellen dahin zu verstehen sei, daß er mehrere selbständige Sachen oder Rechte umgreife, die „als eine Einheit angesehen werden, wobei denn aber immer nur ein juristischer Vereinigungspunkt nöthig" sei.[1] Da dieser Vereinigungspunkt in jedem Fall ein anderer sei, lasse sich ein allgemeiner Begriff der *universitas* nicht aufstellen. Daher sei auch die Unterscheidung zwischen *universitas iuris* und *facti* unhaltbar.[2] Außerdem könne man auch den Grundsatz *„pretium succedit etc."* nicht mehr als gemeinsames Merkmal aller *universitates iuris* anerkennen, weil diesem Satz in jedem Einzelfall – bei der *hereditas*, dem *peculium* und der *dos* – eine andere Bedeutung und Grenze zukomme.[3]

Mühlenbruch dagegen ging noch einen Schritt weiter. Er verwarf den Satz nicht nur als Unterscheidungsmerkmal der *universitas iuris*, sondern erklärte ihn geradezu für falsch.[4] *Mühlenbruch* hatte schon vor *Hasse* im Jahre 1818 den Kampf gegen die Unterscheidung der *universitas iuris* und *facti* aufgenommen und sich bereits damals sehr scharf gegen diese Parömie ausgesprochen.[5]

---

[1] Hasse, S. 6.

[2] Hasse, S. 60: „Das Beste ist . . ., wenn man den Begriff *universitas* ganz allgemein und durchaus relativ nimmt, ohne ihn durch den Zusatz *juris* oder *rerum*, oder wie sonst zu verunstalten . . ."

[3] Hasse, S. 7.

[4] Mühlenbruch, S. 323: „Die gewöhnliche Eintheilung der *universitas* in *juris* und *facti* (auch wohl vorzugsweise *rerum universitates* genannt) muß, mitsammt der Regel *„in universalibus res succedit in loc. pretii et pretium in locum rei"*, ganz aufgegeben werden, ehe es möglich ist, Klarheit und Wahrheit in die Sache zu bringen."

[5] Mühlenbruch, Observationes juris Romani specimen primum (vgl. Scherer, S. 9).

Nachdem mittlerweile 1822 die Abhandlung von *Hasse* erschienen war, setzte *Mühlenbruch* im Jahre 1834 seine Angriffe gegen die herrschende Lehre mit einem weiteren Beitrag "Ueber die s. g. *juris* und *facti universitates*" fort.

In Bezug auf D. 5, 3, 20, 10 wies er nach, daß diese Stelle, welche ja der herrschenden Lehre hauptsächlich als Quellenbeleg für die Anwendbarkeit der *„pretium succedit"*-Regel auf alle *universitates iuris* und namentlich auf das *peculium* gedient hatte, bisher mißverstanden worden war und daß hier lediglich dem Inhaber eines *peculium castrense* die – ehemals umstrittene – Befugnis eingeräumt werde, hierfür einen Erben einzusetzen und daß dieser das *peculium castrense* mit der *hereditatis petitio* fordern könne.[6]

Mühlenbruch blieb jedoch nicht bei dem Nachweis stehen, daß die Ausdehnung der *„pretium succedit"*-Formel über die *hereditas* hinaus in den Quellen nicht begründet sei, sondern behauptete auch, daß die Regel nicht einmal hinsichtlich des Anspruchs des Erben zutreffe.[7] Er begründete dies damit, daß der Erbe zwar das Recht habe, den Kaufpreis einer veräußerten erbschaftlichen Sache, und umgekehrt Sachen, die mit erbschaftlichem Gelde für die Erbschaft angeschafft sind mit der *hereditatis petitio* zu beanspruchen, daß er aber einerseits nur aus besonderen Gründen gezwungen werde, sich statt der ursprünglichen Nachlaßobjekte mit deren „Surrogaten" zu begnügen, dafür andererseits sogar berechtigt sei, die mit nicht erbschaftlichem Geld für die Erbschaft angeschafften Sachen in Anspruch zu nehmen. Ein nur in so vereinzelten Beziehungen und unter solchen Einschränkungen geltender Satz könne jedoch keine Regel mehr genannt werden.[8]

II. Die Abkehr von der *„pretium succedit"*-Regel

Hasse und *Mühlenbruch* ist es nicht gelungen, die überkommene Unterscheidung von *universitas iuris* und *facti* aus der gemeinrechtlichen Doktrin des 19. Jahrhunderts zu beseitigen;[9] ebensowenig haben sie den Satz *„pretium succedit etc."* ganz aus der Wissenschaft zu verbannen gemocht.

Dennoch haben sie erreicht, daß einerseits diese Regel als allgemeines Unterscheidungskriterium der *universitates iuris* von der *universitates facti*

---

6 Siehe hierzu oben S. 66f.

7 Mühlenbruch, S. 337.

8 Mühlenbruch, S. 338.

9 Allerdings war man sich einig, daß jedenfalls die ganze Lehre einer neuen Bearbeitung dringend bedürfe und jedenfalls die „Negation des Begriffes der *universitas iuris* zu weit gehe", vgl. Bechmann II, S. 181 ff. Ebenso Mandry, Peculium, S. 15:

„. . . dass der Gegensatz zwischen *universitates facti* und *juris*, wenigstens in der Weise, wie ihn die ältere Jurisprudenz statuirte, nicht haltbar ist, und daß die Rechtssätze, welche die *universitates juris* vor den *universitates facti* auszeichnen sollten, nicht beziehungsweise nicht in der behaupteten Allgemeinheit in den Quellen begründet sind . . ." Ausführlich zu den verschiedenen Ansichten Birkmeyer, S. 101 ff.

aufgegeben worden ist und sich andererseits anfangs der zweiten Hälfte des 19. Jahrhunderts kaum noch jemand fand, der eine unbeschränkte Geltung dieses Satzes behauptet hätte.

Ein Blick in die gemeinrechtliche Literatur des vergangenen Jahrhunderts zeigt, daß sich der Streit vorwiegend auf die Erbschaft konzentrierte und da ein Teil der großen Kontroverse über die Grundprinzipien der römischen Erbschaftsklage bildete.

Hinsichtlich dieser Klage wollte man zwar zum Teil an dem Satz *„pretium succedit etc."* festhalten,[10] über seine Bedeutung war man sich allerdings keineswegs einig, weder in Bezug auf seine Voraussetzungen noch hinsichtlich seiner Wirkung. Fest stand lediglich, daß sein Anwendungsgebiet kein großes sein konnte. Meist sagte man nur: *„pretium succedit in locum rei"*, nicht auch *„res in locum pretii"*.[11]

Manche sahen seine Wirkung in einem Übergang des Eigentums auf den Erben, während neuere dem Erben nur einen obligatorischen Herausgabeanspruch einräumen wollten.[12] Daneben mehrten sich auch die Stimmen, die das *„pretium succedit etc."* bei der *hereditatis petitio* völlig verwarfen.[13]

Äußerst pointiert formuliert *Kohler* seinen – auch von uns vertretenen – Rechtsstandpunkt:

> „Und um noch einen Punkt zu erwähnen, in welchem die gewöhnliche Lehre irrt: das Verhältniß des Erben zu dem Neuerwerb, also zu dem ausstehenden Erlös, dem eingegangenen *pretium*, den neu angeschafften Sachen usw., ist kein directes, sondern ein indirectes, durch die Person des Erbschaftsbesitzers vermitteltes: der Erbe ist nicht *creditor* des ausstehenden Erlöses, Eigenthümer des *pretium* oder der neu erworbenen Sachen, sondern er hat nur einen obligatorischen Anspruch gegen den Erbschaftsbesitzer darauf, daß er ihm die *actio venditi* cedire, den Erlös übereigne, die neu erworbene Sache übertrage . . .
>
> Also nicht *res succedit in locum pretii* und umgekehrt, sondern es tritt unter besondern Umständen an Stelle des Rechts an der Sache der obligatorische Anspruch auf die Herausgabe des Erlöses, und an Stelle des Rechts am Erbschaftsgelde der obligatorische Anspruch auf Uebereignung des mit dem Erbschaftsgelde erworbenen."[14]

---

[10] Keller I, S. 108; Seuffert I, S. 82; Wächter I, S. 262 f.; Wächter, Erörterungen, S. 5 ff.; Zimmermann, S. 217.

[11] Dernburg III, S. 354; Vangerow I, S. 107 ff.; Arndts, S. 800.

[12] Kohler, Bespr. Schröder, S. 509; Dernburg, hereditatis petitio, S. 24; Leonhard, S. 65 f.; Schröder, Commodum, S. 30 ff.

[13] Puchta, Cursus II, S. 130; Puchta, Vorlesungen I, S. 492 ff.; Savigny I, S. 378 f.; Sintenis I, S. 431 (Fn. 60).

[14] Kohler, Bespr. Schröder, S. 508 f.

Was schließlich die anderen Sondervermögen, die *dos* und das *peculium*, angeht, so behauptete ebenfalls niemand mehr eine unbedingte Geltung der *„pretium succedit"*-Regel.[15]

III. Die Lehre von der „Selbstentwicklungsfähigkeit" der *universitates*

Auf dieser Stufe der Erkenntnis blieb die Pandektistik jedoch nicht stehen. Vor allem der Begriff der *universitas iuris* schien noch nicht ausreichend geklärt, so daß man sich in der Folge unter Vernachlässigung der juristisch weniger ergiebigen *universitates facti* weitgehend auf diese konzentrierte und versuchte, das Wesen, den „Vereinigungspunkt",[16] der *universitates iuris* näher zu erfassen.[17] Einig war man sich insoweit, daß die *universitates iuris* jedenfalls der ausdrücklichen Anerkennung der Rechtsordnung bedürften.

Da man jedoch mittlerweile weitgehend dem Satz *„in universalibus pretium succedit etc."* jegliche rechtstechnische Bedeutung absprach, herrschte allgemeine Unsicherheit vor allem hinsichtlich der Frage, wie denn nun Änderungen in der Zusammensetzung der *universitates iuris* zu erklären seien.

Hier hatte indes schon *Mühlenbruch* darauf hingewiesen, daß in dem Satz *„pretium succedit etc."* ein völlig richtiger allgemeiner Gedanke zum Ausdruck komme und das Wesen aller *universitates* wie folgt umschrieben:

> „Sämmtliche *universitates* haben das mit einander gemein, daß das Einzelne in dem Begriff des Ganzen verschwindet; d. h. jede *universitas*, als solche, ist ein ideelles Ganze, daß trotz allem Wechsel der einzelnen Dinge an sich dasselb, bleibt, wenngleich sein Werth sich vergrößern oder vermindern kann. Allem Begriffsganzen müssen daher nothwendig auch manche besondere rechtliche Wirkungen gemeinschaftlich seyn. Die Erbschaftsgläubiger behalten z. B. ihren vollen Anspruch, wenngleich kein einziges der ursprünglichen erbschaftlichen Objecte zur Zeit der Geltendmachung des Anspruchs bei dem Erben mehr vorhanden seyn sollte, – eben so die Peculiargläubiger, ungeachtet sich inzwischen alle dazu gehörigen Sachen und Rechte verändert haben, und auf gleiche Weise diejenigen, denen ein Waarenlager, eine Heerde u.s.w. verpfändet ist, wenn auch die einzelnen Stücke jetzt sämmtlich andere sind."[18]

Mühlenbruch charakterisiert die *universitas* demnach als ein entwicklungsfähiges Ganzes. Daran anknüpfend hat *Birkmeyer* den Wechsel im Bestand einer *universitas* mit deren „Selbstentwicklungsfähigkeit" begründet:

---

[15] Bechmann II, S. 231, sieht hierin in Bezug auf die *dos* einen „in seiner Allgemeinheit ganz unbrauchbaren und unerweislichen Satz". Zum *peculium* vgl. unten S. 76.

[16] Siehe oben S. 71.

[17] Girsberger, S. 29.

[18] Mühlenbruch, S. 372 f.

„Wo immer das Recht eine Vielheit als Einheit behandelt, mag diese Einheit von ihm selbst geschaffen oder nur als solche anerkannt sein, werden sich eigenartige juristische Erscheinungen ergeben, die sich nur daraus erklären lassen, dass die Einheit, und nicht ihre Bestandteile, Rechtsobject ist. Es gehört hierher vor Allem der bekannte Satz, dass die Einheit als solche die nämliche bleibt, wie immer ihre Bestandteile sich verändern, vermindern oder vermehren mögen; dass demnach die an der ursprünglichen Einheit begründeten Rechte fortdauern, wie immer die Einheit im Laufe der Zeit innerlich anders geworden sein mag. Längst hat man erkannt, dass dieser Satz von allen wahren *universitates* gelten müsse; man hat ihm zu Liebe von einem „organischen Wesen“, von einer „Selbstentwicklungsfähigkeit“ der *universitates* gesprochen. Solche Erscheinungen sind, soweit wir sie auch vom Vermögen bezeugt finden, ein weiterer Beleg für dessen Einheits-Natur. Sonst interessiren sie uns hier nicht weiter; wir möchten nur zu der eben berührten Selbstentwicklung die Bemerkung machen, dass der andre Satz, der früher bei den *universitates juris* eine grosse Rolle spielte: *pretium succedit in locum rei et res in locum pretii*, nichts ist, als eine der Anwendungen besagter Selbstentwicklungskraft der *universitates* auf die Vermögenseinheit. Das Vermögen, Rechtseinheit und Werteinheit zugleich, . . . kann sich ebendeswegen innerlich umsetzen in Alles, was geldwertes Recht oder rechtlich zustehender Wert ist. Seine “Assimilirungskraft“ hat wegen seiner Doppelnatur einen grösseren Spielraum, als die z. B. der Heerde, der Bibliothek u.s.w., die sich immer nur in Tieren und zwar in Tieren der betr. Gattung, bezw. in Büchern weiter entwickeln können.“[19]

Als quellenmäßige Fundierung[20] für diese Lehre von der „Selbstentwicklungsfähigkeit“ der *universitates* diente in erster Linie eine Digestenstelle, in der dem *peculium* die Kraft zugesprochen wird, sich aus sich selbst heraus zu entwickeln. Das *peculium* wird dort mit einem Menschen verglichen, einem organischen Wesen, das geboren werde, wachse, abnehme und vergehe:

D. 15, 1, 40 pr. (Marc. 5 reg.):

„Peculium nascitur crescit decrescit moritur et ideo eleganter Papirius Fronto dicebat simili esse homini.“

IV. „Selbstentwicklung“ und „dingliche Surrogation“

Man könnte nunmehr meinen, daß es gerade die dingliche Surrogation sei, die eine solche „Selbstentwicklung“ der *universitates* gewährleistet, mithin die *„pretium succedit“*-Regel nur in einem anderen Gewand erscheine.

Allerdings ist unter „Selbstentwicklung“ nicht einfach zu verstehen, daß ein Vermögensstück einer *universitas* weitere Vermögensstücke einbringt.[21] Daß eine solche Auffassung der personalen Struktur der Rechtsordnung widerspre-

[19] Birkmeyer, S. 115 f.

[20] Weitere Belegstellen für *hereditas*, *dos* und *grex* bei Birkmeyer, S. 116 (Fn. 367).

[21] Vgl. Waller, S. 66 f.

chen würde, die den Rechtserwerb unmittelbar oder mittelbar auf Handlungen von Rechtspersonen gründet, eine „Selbstentwicklung" im eigentlichen Sinne nicht kennt,[22] ist selbstverständlich auch den Pandektisten nicht verborgen geblieben.

Dies zeigen insbesondere die Untersuchungen *Mandrys* und *Fittings* zum *peculium* und *peculium castrense*, die große Beachtung fanden und die weitere Rechtsentwicklung nachhaltig beeinflußten. So hat *Mandry* ausgeführt, daß das *peculium* „einer Fortentwicklung durch die eigene Tätigkeit des Inhabers fähig" ist und „die gewöhnlichen Erwerbsakte, vorgenommen von dem Peculieninhaber und auf der Basis der durch das Peculium geschaffenen Vermögensfähigkeit" zu einer Erweiterung des *peculium* führen können.[23]

Für solche Erwerbshandlungen stellten *Mandry* und *Fitting* für das *peculium* und *peculium castrense* das Erfordernis auf, daß diese, um eine Vermehrung des *peculium* bewirken zu können, mit ihm in einem objektiven und subjektiven Zusammenhang[24] stehen, mithin als „Verwaltungshandlung in Ansehung des *peculium*"[25] erscheinen müssten.

Am deutlichsten wiedergegeben finden wir diese Auffassung bei *Pernice*:

> „Es wird denn auch die rechtliche Möglichkeit der Vermehrung des Peculiums durch Rechtsgeschäfte seines Inhabers von keiner Seite bestritten. In der Tat wäre dies den tatsächlichen Verhältnissen gegenüber geradezu widersinnig. Damit haben wir ja aber eine positive Tätigkeit desselben: er erscheint also nicht als Repräsentant eines sich selbstentwickelnden Zweckvermögens, sondern als factischer Herr eines seinen Zwecken dienenden Sondergutes.
>
> Natürlich aber beschränkt sich seine Fähigkeit, das Peculium zu vergrössern, auf diejenigen Handlungen, welche zum Zwecke der Erweiterung desselben, *ex causa peculii*, vorgenommen werden."[26]

Gerade die anhand des *peculium* gewonnenen Erkenntnisse zeigen, wie falsch es wäre, wollte man die sog. „Selbstentwicklung" der *universitates* mit einer dinglichen Surrogation gleichsetzen.

„Selbstentwicklungsfähigkeit" bedeutet nichts anderes, als daß ein Vermögen durch Verwaltungshandlungen seines Inhabers in seinem Bestand verändert werden kann.

Während das gewöhnliche Vermögen, das *patrimonium*, durch jedes beliebige Rechtsgeschäft seines Subjekts verändert wird, berühren demnach ein

---

22 Vgl. Strauch, S. 52.
23 Mandry, Peculium, S. 47 f.
24 Vgl. Mandry, FGR II, S. 177 ff.
25 Vgl. Fitting, S. 85 (Fn. 7).
26 Vgl. Pernice I, S. 138 f.

Sondervermögen nur solche Rechtsakte, die in seinem Interesse oder im Hinblick auf das Sondervermögen vorgenommen werden. Nach welchen Gesichtspunkten man bestimmen will, wann eine solche „Verwaltungshandlung in Ansehung des Sondervermögens“ vorliegt, ist allerdings eine Frage, welche die Theorie im Einzelfall der praktischen Vernunft überlassen darf.[27]

So kann etwa ein Gegenstand, weil er als Ersatz für einen ausgeschiedenen Vermögensbestandteil angeschafft wird, zu diesem Vermögen gerechnet werden, auch wenn zu seinem Erwerb nicht Mittel dieses Vermögens verwendet worden sind. Darüberhinaus läßt sich ein Gegenstand sogar dann einem Sondervermögen zuordnen, wenn er, ohne mit Mitteln desselben erworben zu sein, für dieses angeschafft wird und mit diesen in konkreter wirtschaftlicher Beziehung steht. Sowohl das römische als auch das gemeine Recht kennt solche Fälle; nach unserer Terminologie sind dies, da es entscheidend auf einen objektiven und subjektiven Zusammenhang, nicht jedoch auf die Herkunft der Mittel ankommt, Anwendungsfälle des Bewidmungsgedankens.

Schließlich besteht die Möglichkeit, einen Erwerb deswegen als zu einem Sondervermögen gehörig zu betrachten, weil er gerade mit Mitteln des Vermögens getätigt worden ist. Obwohl man zunächst dazu neigt, diesen Zusammenhang als ausschlaggebend für die Bestimmung eines Verwaltungsgeschäfts anzusehen, so ist er von allen Indizien an sich doch das am wenigsten maßgebende, denn ein Erwerb kann durchaus mit Mitteln des Vermögens gemacht sein, aber in keinen Bezug zu dem Vermögen – außerhalb seiner „wirtschaftlichen Anziehungskraft“ – stehen.[28] Das ist zum Beispiel dann der Fall, wenn der Verwalter mit Mitteln des Sondervermögens Gegenstände zu seinem persönlichen Gebrauch erwirbt. Gerade dies macht deutlich, weshalb das römische Recht und das gemeine Recht des letzten Jahrhunderts so zurückhaltend waren, einen Erwerb mit Mitteln eines Sondervermögens ohne weiteres als einen Erwerb in dieses anzuerkennen. Die römischen Juristen und die späten Pandektisten waren weit davon entfernt, das Merkmal, daß etwas mit Mitteln eines Sondervermögens angeschafft wurde, als eigenen Rechtsbegriff aufzufassen und ihm, wie die moderne Doktrin das tut, unter dem Namen „dingliche Surrogation“ prinzipielle Bedeutung für alle Sondervermögen beizumessen.[29] Die nahezu vollständige Abkehr und fast völlige Aufgabe des *„pretium succedit“*-Satzes im Laufe des letzten Jahrhunderts zeigt dabei gerade, daß die „dingliche Surrogation“ weder im Wesen eines Sondervermögens vorhanden ist, noch daß es ihrer bedarf, um einen Wechsel im Bestand des Vermögens zu erklären.

Wird allerdings ein Sondervermögen ordnungsgemäß als solches verwaltet, so ist es auch nach der Auffassung der Pandektistik durchaus gerechtfertigt,

[27] Girsberger, S. 45.

[28] Vgl. Girsberger, S. 72.

[29] Girsberger, S. 46.

daß das, was durch das Vermögen erworben wird, auch wiederum diesem zufällt, da davon auszugehen ist, daß der Erwerb für und im Interesse des Vermögens stattfand. Versteht man den Satz *„pretium succedit in locum rei et res in locum pretii“* in diesem Sinne, dann ist dieser in der Tat nichts anderes „als eine der Anwendungen besagter Selbstentwicklungskraft der *universitates* auf die Vermögenseinheit.“[30]

Etwas anderes ist es jedoch, wenn im Interesse der Bestandserhaltung eines Sondervermögens davon ausgegangen werden soll, daß jeglicher Erwerb mit Mitteln desselben wiederum diesem zufließen soll. Im Grunde wird dabei das Vorliegen einer Verwaltungshandlung hinsichtlich des betreffenden Sondervermögens fingiert. Dies mag man als „dingliche Surrogation“ bezeichnen. Man darf jedoch nicht übersehen, daß hierbei eines ihrer immer wieder als charakteristisch herausgestellten Merkmale fehlt: In all den genannten Fällen – mag es sich um eine echte Verwaltungshandlung handeln oder wird eine solche unterstellt – tritt nämlich keineswegs der neue Gegenstand in die rechtlichen Beziehungen ein, die sich an die Erwerbsmittel knüpften, sondern durch seine Handlung hat der Verwalter ein neues Rechtsverhältnis – die Beziehung des Erworbenen zum Vermögen – begründet und nicht das alte, in dem sich die Erwerbsmittel befanden, fortgesetzt.[31]

---

30 Birkmeyer, S. 115; siehe oben S. 75.

31 Strauch, S. 150; Wolf, S. 645 (Fn. 11); Girsberger, S. 80.

§ 9 Die deutschen Partikularrechte im 19. Jahrhundert

In den deutschen Partikularrechten des 19. Jahrhunderts finden sich zumeist im Erbrecht und Ehegüterrecht Anklänge an den Surrogationsgedanken.

Hinsichtlich des Erbschaftsanspruchs enthält sich allerdings die Mehrzahl der deutschen Rechte jeder Vorschrift.[1] Lediglich bezüglich der Nacherbfolge kennen einige Rechte eine Surrogationsnorm,[2] z. B. das Bayrische Landrecht in III 9 § 6 Nr. 14.[3]

Als surrogationsfeindlich erweist sich im übrigen auch das Preußische Allgemeine Landrecht von 1794. Zwar war zunächst die Geltung eines „Surrogationsprinzips" für das ALR behauptet worden; man hat sich indessen bald dagegen entschieden.[4] In der Tat finden sich im ALR nur wenige Bestimmungen mit surrogationsrechtlichem Einschlag, wie etwa I 20 § 456, II 1 §§ 217, 560 ff. ALR.[5]

Und gerade an den Stellen, wo man eigentlich eine dingliche Surrogation erwartet, wird diese sogar *expressis verbis* ausgeschlossen.

---

[1] Feist, S. 11. Auch bei der Beratung des Entwurfs eines BGB wurde eingehend erwogen, ob man besondere Vorschriften über den Erbschaftsanspruch aufnehmen soll oder nicht, vgl. Motive V, S. 575 ff.

[2] Motive V, S. 109.

[3] III 9 § 6 Nr. 14 BayLR: „Welch letzterenfalls er jedoch das Fideicommiß weiter nicht, als bis auf den vierten Teil . . . alieniren darf, und wenn er statt der veräußerten Stücke andere anschafft, so muß er solche allenfalls wiederum restituiren."

[4] Feist, S. 12. Siehe auch Eccius I, S. 119 f.: „Einzelne Aussprüche deuten bestimmt darauf hin, daß die Redaktoren eine allgemeine Regel jenes Inhalts nicht anerkannt haben." Vgl. auch Opfermann, S. 5.

[5] I 20 § 456 ALR: „Ist gegen die Erwerbung des neuen Pertinenzstücks ein Andres, welches dem dinglichen Rechte des Gläubigers unterworfen war, von der Substanz getrennt worden: so kann der Gläubiger an das neue Pertinenzstück, statt des abgetretenen sich halten."

II 1 § 217 ALR: „Was die Frau von den Einkünften des vorbehaltenen Vermögens erspart, wächst diesem Vermögen zu."

II 1 § 560 ALR: „Sind an die Stelle der nicht mehr vorhandenen Stücke andere angeschafft worden: so können die Frau oder deren Erben diese letzteren, statt der eingebrachten, zurücknehmen."

II 1 § 517 ALR: „Außerdem aber sind der Mann, oder dessen Erben, zu einer Schadloshaltung wegen der nicht mehr vorhandenen, oder am Werthe verringerten Stücke, nur in so fern verbunden, als die Vernichtung, Veräußerung, oder Verringerung, durch Vorsatz oder grobes Versehen des Mannes erfolgt ist."

II 1 § 562 ALR: „Mobilien, welche die Frau von ihrem vorbehaltenen Vermögen angeschafft, und zum gemeinschaftlichen Gebrauche hergegeben hat, werden den eingebrachten gleich geachtet."

So wird beispielsweise in II 1 §§ 240 f. ALR[6] eine dingliche Surrogation bezüglich der vom Mann mit Mitteln des eingebrachten Vermögens der Frau erworbenen Gegenstände ausdrücklich abgelehnt.[7] Die Ehefrau erwirbt das Eigentum an solchen Gegenständen nur, wenn sie in ihrem Namen angeschafft oder – bei Immobilien – auf ihren Namen geschrieben sind.[8] § 241 verstärkt die surrogationsfeindliche Haltung noch, indem die Frau – von dem Fall des § 240 abgesehen – „wegen der solchergestalt verwendeten Summen nur als Gläubigerin des Mannes" angesehen wird, wobei durch diese Bestimmung gerade die im gemeinen Recht streitige Ansicht abgelehnt werden sollte, daß in gewissen Fällen die Frau an dem mit ihrem Geld durch ihren Ehemann erworbenen Sachen unmittelbar Eigentum erwerbe.[9]

Der kurze Überblick zeigt damit, daß jedenfalls auch die deutschen Partikularrechte im letzten Jahrhundert einer dinglichen Surrogation in weitem Umfang den Boden entzogen haben.

---

[6] II 1 § 240 ALR: „Grundstücke und Gerechtigkeiten, welche während der Ehe aus dem Eingebrachten der Frau angeschafft, oder Capitalien, welche von diesem Vermögen ausgethan worden, werden nur in so fern ein Eigenthum der Frau, als sie auf ihren Namen geschrieben sind."

II 1 § 241 ALR: „Außer diesem Falle ist sie, wegen der solchergestalt verwendeten Summen nur als Gläubigerin des Mannes anzusehen."

[7] Im Gegensatz dazu § 1381 a. F. BGB.

[8] Ähnlich § 1676 Sächs.BGB (1865): „Was der Ehemann während der Ehe mit den Mitteln seiner Ehefrau erwirbt, gehört der letzteren nur, wenn die Erwerbung mit ihrer Einwilligung und in ihrem Namen geschehen ist."

[9] Opfermann, S. 5 mit Nachweisen.

§ 10 Die französischen Theorien und der Code civil

Aufgrund der bisher geschilderten Entwicklung läßt sich kaum feststellen, daß bei der Schaffung des BGB dem Surrogationsgedanken von der Rechtslehre der Weg geebnet gewesen wäre.

So kehrt das BGB zu dem Surrogationsgedanken, der sowohl in der Pandektistik als auch in den Partikularrechten des ausgehenden letzten Jahrhunderts, wenn überhaupt, nur noch eine ganz bescheidene Rolle gespielt hatte, ziemlich unvermittelt zurück.

Erklären läßt sich dies damit, daß nämlich zum einen unter dem Einfluß der germanistischen Wissenschaft in den Reichstagskommissionen das vermeintlich deutsch-rechtliche Gedankengut der Sondervermögen und damit zugleich der Surrogationsgedanke in das BGB aufgenommen wurde.[1] Darüber hinaus aber scheint es – obwohl dies in den Materialien nirgends ausdrücklich ausgesprochen wird –, daß hinsichtlich der dinglichen Surrogation gerade auch französisches Gedankengut im neuen Recht nicht ohne Berücksichtigung geblieben ist.[2]

I. *Ancien droit*

Bei den französischen Juristen findet sich die ältere gemeinrechtliche Lehre in ihrer Theorie von der *subrogation réelle* fast unverändert wieder.[3] Unter Berufung auf *Bartolus*[4] wurde der Satz *„in iudiciis universalibus res succedit loco pretii et pretium loco rei"* ebenfalls als Rechtsregel aufgefaßt, die aus der begrifflichen Eigentümlichkeit der *universitates iuris* hergeleitet wurde.[5]

Während die ältere gemeinrechtliche Literatur in Deutschland in entsprechenden Fällen allerdings schon frühzeitig nur von *universitas iuris* und *facti* spricht, erscheinen in französischen Texten viel länger die Ausdrücke *iudicium*

---

[1] Opfermann, S. 5; Oswald, S. 19.

[2] Allgemein zum Einfluß französischen Rechtsdenkens auf das BGB vgl. Boehmer, S. 289 ff.

[3] Das französische Recht unterscheidet, je nachdem ob es sich um einen Wechsel im Rechtssubjekt oder im Rechtsobjekt handelt, zwischen einer *subrogation personelle* und *subrogation réelle*. Die „persönliche Surrogation" bezeichnet den Eintritt eines zahlenden Dritten in die Stellung des befriedigten und damit aus dem Rechtsverhältnis ausscheidenden Gläubigers, vgl. Art. 1249 ff. C. c. Ausführlich zur „persönlichen Surrogation" Wengler, S. 460, 483 ff.; siehe auch Ferid I, S. 570 f.

[4] Vgl. oben S. 61 f.

[5] Henry, S. 29; Ferid II, S. 901.

universale und *iudicium singulare*. Statt *„universitas*, die durch ein *iudicium universale* begehrt werden kann", behielt die französische Ausdrucksweise in engerer Anlehnung an das römische Recht die Bezeichnung *„iudicium universale"* bei, während in der deutschen Rechtssprache gemäß der durch *Jason de Mayno*[6] begründeten Unterscheidung das Objekt der Klage, die *universitas*, gesetzt wurde. Später nahm die französische Theorie jedoch die gleiche Entwicklung wie die deutsche, indem sie den Unterschied zwischen *iudicium universale* und *universitas iuris (universalité, titre universel)* verwischte und beide hinsichtlich der Folgen der rechtlichen Behandlung gleichstellte.[7]

Neben der *„pretium succedit"*-Regel behauptete auch das Brocardicum *„subrogatum sapit naturam subrogati"* das Feld, wonach der Ersatz in die rechtliche Stellung der ersetzten Sache eintritt.[8]

Verfechter dieses Standpunktes waren vor allem *Renusson*,[9] *Lebrun*,[10] und *Pothier*.[11, 12]

II. Das Recht des *Code civil*

Von einer allgemeinen Theorie der *subrogation réelle* ist weder im *Code civil* von 1804 noch in den vorbereitenden Arbeiten dazu etwas zu finden. Lediglich ein einziger Artikel sprach ausdrücklich von einer *subrogation*:

Art. 1407 C. c.:

„L'immeuble acquis pendant le mariage à titre d'échange contre l'immeuble appartenant à l'un des deux époux, n'entre point en communauté, et est subrogé au lieu et place de celui qui a été aliéné; sauf la récompense s'il y a soulte."

Trotzdem scheint die Idee einer Surrogation die Verfasser des *Code civil* in einer Anzahl von Einzelvorschriften geleitet zu haben.[13]

---

[6] Siehe oben S. 61f. Während sich die deutsche Literatur weitgehend auf Jason de Mayno beruft, ist von ihm in der französischen Literatur kaum die Rede, vgl. Genner, S. 21 (Fn. 51).

[7] Genner, S. 21.

[8] Henry, S. 41; Ferid II, S. 901; Genner, S. 21.

[9] Renusson, Traité de la subrogation, n°s 1, 3 und 4; Traité des propres, chap. I, Sect. X. Edition des Serieux, Paris, 1780.

[10] Lebrun, Traité des successions, livre II, chap. I, sect. I, n°s 64 und 65. Paris, Savoye, 1775.

[11] Pothier, Traité de la communauté, n° 197; Traité des propres, n° 77.

[12] Die Literaturangaben der Fn. 9 – 11 sind entnommen bei Henry, S. V. Vgl. desweiteren zur Rechtsentwicklung in Frankreich bis zum 18. Jahrhundert Rust, S. 10 ff. mit zahlreichen Hinweisen auf die französische Literatur.

[13] Vgl. Henry, S. 53: *„Pourtant le silence du législateur de 1804 ne peut être interprété comme un rejet pur et simple des conceptions courantes; tout au contraire, l'idée de sub-*

Bestimmungen, in denen der *Code civil* nach Ansicht der Kommentare[14] Surrogation anordnet, finden sich beim Vermögen des zurückgekehrten Verschollenen (Art. 132 C. c.), beim gesetzlichen Rückfallrecht der Aszendenten und ihren Nachkommen (Art. 747 und 766 C. c.), bei der Erbensubstitution (Art. 1066, 1067 und 1069 C. c.), im ehelichen Güterrecht bei den Fällen von *échange* oder *remplois* beim Eigengut eines Ehegatten, der in Gütergemeinschaft lebt (Art. 1407, 1434 und 1435 C. c.) sowie bei Dotalsachen (Art. 1553 und 1559 C. c.).[15]

Die ältere Literatur zum *Code civil* beschränkte sich weitgehend auf eine Übernahme der Ergebnisse der Postglossatoren und deren Nachfolger wie *Renusson* und *Pothier*.

Als letzte Vertreter dieser sogenannten klassischen Theorie können *Flach*[16] und insbesondere *Aubry et Rau*[17] angesprochen werden.

Nach *Aubry et Rau* ist die Surrogation eine natürliche Folge ihres Vermögensbegriffes. Hiernach lassen sich die Bestandteile eines Vermögens auf den gemeinsamen Maßstab des Geldwertes (*valeur pécuniaire*) zurückführen und nehmen infolgedessen untereinander den Charakter vertretbarer Sachen an. Durch das Rechtssubjekt wird das Vermögen als unteilbares Ganzes zusammengehalten.

Obwohl das Vermögen einheitlich und unteilbar ist, kennt das französische Recht immerhin gewisse Vermögensmassen *(universalités de droit, universalités juridiques)*, die sich vom allgemeinen Vermögen unterscheiden. Hierzu gehören etwa die Erbschaft, die Güter, die jemand infolge eines gesetzlichen Rückfallrechts erbt, das Vermögen des Verschollenen sowie die Güter, die ein *fidéicommis universel* oder ein Majorat umfaßt. All diesen rechtlichen Einheiten ist auch der Charakter der Vertretbarkeit ihrer einzelnen Bestandteile eigen.

Aus dieser Tatsache rechtfertigt sich die Surrogation; sie wird angesehen als „eine Rechtsfiktion, durch welche eine Sache eine andere ersetzt, damit sie Eigentum desjenigen werde, dem diese letztere gehörte."[18] Da die genannten Vermögensganze *(universalités juridiques)* mit einem *iudicium universale* herausverlangt werden, findet die Tatsache der Surrogation Ausdruck in der Regel *„in iudiciis universalibus pretium succedit loco rei et res loco pretii"*. Infolge der Surrogation nimmt das surrogierte Objekt in der Vermögensein-

---

rogation semble avoir commandé aux rédacteurs du Code un certain nombre de décisions d'espèces."

14 Nachweise bei Henry, S. 53 f.

15 Genner, S. 22; siehe auch Ferid II, S. 902.

16 Flach, S. 448 ff.

17 Aubry et Rau VI, §§ 573 ff.; siehe hierzu Genner, S. 23 f.; Rust, S. 14.

18 Genner, S. 23.

heit, in die es eintritt, nicht nur tatsächlich den Platz ein, den das ersetzte ausfüllte, sondern es bekleidet darüber hinaus – als Bestandteil des Ganzen – gemäß dem Satz *„subrogatum sapit naturam subrogati"* auch die rechtliche Natur der ersetzten Sache. Da nach *Aubry et Rau* die Surrogation nur auf eine der Vertretbarkeit der Bestandteile eines Vermögensganzen gegründete Fiktion ist, kann sie sich auch nur zwischen zwei Objekten vollziehen, von denen das eine, das das andere als Bestandteil innerhalb dieser Vermögenseinheit ersetzt hat, kraft eines *iudicium universale* begehrt wird: *„in iudiciis singularibus pretium non succedit loco rei, nec res loco pretii"*.

Nachdem *Flach* im Anschluß an *Mühlenbruch* und *Hasse* das Fehlen einer Unterscheidung zwischen *universitas iuris* und *universitas facti* im römischen Recht nachgewiesen hatte, kündigte sich eine Wende in der Surrogationslehre an. Die neue Lehre entstand zu einem Zeitpunkt, in dem die Rechtslehre eine lediglich exegetische Betrachtung des Gesetzes verurteilte und eine freie Weiterentwicklung des Rechts durch Rechtsprechung und Lehre forderte.[19]

Als erster versuchte *Saleilles*[20] eine neue Grundlage für die Theorie der dinglichen Surrogation zu finden.

Anknüpfend an die *Brinz*sche Lehre vom Zweckvermögen[21, 22] ist sein Ausgangspunkt die Widmung von Vermögensgegenständen für einen bestimmten Zweck *(affectation d'un patrimoine)*, wie z. B. das in der von ihm besprochenen Entscheidung behandelte Stiftungsvermögen: Soll nach dem der Surrogation zugrundeliegenden rechtsgeschäftlichen Willen gerade der Vermögenswert, den die Vermögensgegenstände verkörpern, dem gesetzten Zweck dienen, sei die dingliche Surrogation wünschenswert. Sobald der Gesetzgeber die Widmung als solche zulasse, erlaube er damit grundsätzlich auch die dingliche Surrogation in weitem Umfange. Durch Rechtsgeschäft in diesem Sinne erfolgte Widmung führe zu einer dinglichen Surrogation, die sich als Verwirklichung des rechtsgeschäftlichen Willens darstelle. Handle es sich jedoch um dingliche Surrogation auf Gebieten, deren Regelung dem Gesetzgeber alleine zustehe und wo eine Parteivereinbarung wirkungslos sei, stelle sich eine vom

19 Rust, S. 22 mit Literaturnachweisen.

20 Saleilles, S. 295 ff.; siehe hierzu Rust, S. 22 ff.; Genner, S. 24 f.

21 Henry, S. 7.

22 Vgl. Brinz III, S. 453 ff. Nach der Lehre vom Zweckvermögen sollte es für die Vermögen nicht begriffswesentlich sein, daß sie einer Person gehörten; sie waren Vermögen auch dadurch, daß sie einem Zwecke dienten. Man unterschied insoweit zwischen Personal- und Zweckvermögen. Als Zweckvermögen im eigentlichen Sinne betrachtete man Stiftungsvermögen, Kommunalvermögen und Korporationsvermögen, Vermögen also, die nicht unmittelbar von einer Person abhingen, jedoch einem rechtlichen Zweck unterworfen waren, der seinerseits personifiziert werden konnte. Eine Mittelstellung zwischen Personal- und Zweckvermögen nahmen die Sondervermögen wie *peculium*, *hereditas* und *dos* ein (bei Brinz erscheinen sie als Zweckvermögen, bei Mandry, Fitting, Bechmann und Birkmeyer als Personalvermögen).

Gesetzgeber vorgesehene Surrogation als Ausnahme dar.[23] Diese Surrogationsvorschriften seien rechtstechnisch eine Fiktion und restriktiv auszulegen.

Während *Saleilles* der überlieferten Auffassung insofern weitgehend treu blieb, als er dem Erfordernis der *universalité* auch in seiner Theorie gewichtigen Einfluß zuerkannte, begann die nachfolgende Lehre, den Begriff der dinglichen Surrogation von dem des Vermögens zu lösen. Vor allem *Demogue*[24] anerkennt Surrogation gleichermaßen bei Vermögensganzen *(universalités)* als auch bei einzelnen Sachen *(biens isolés)*: Immer wenn man sich Werten gegenüber befinde, die, sei es als Vermögensganzes oder als einzelne Sache, einem bestimmt umschriebenen Zweck gewidmet seien und die nur ihrem Geldwerte nach und nicht entsprechend ihrer körperlichen Individualität beurteilt werden, dann finde Surrogation statt. Da nun die Rechtssubjekte sowohl eine Einheit von Gütern, als auch einzelne Sachen einem bestimmten Zweck widmen könnten, und die Surrogation sowohl im einen als auch im anderen Fall nötig sei, um die Beachtung ihres Willens zu sichern, ergebe sich, daß die „Surrogation die notwendige Folge der durch die Rechtssubjekte gewollten Zwecksetzung" und nicht etwa Ausfluß der erfolgten Vereinigung der Güter zu einer *universalité* sei.[25, 26] Die Annahme einer Fiktion bei der dinglichen Surrogation sei nur insofern berechtigt, als mit Fiktion die Abweichung von den herkömmlichen Rechtsprinzipien bezeichnet werde.[27]

Die kurze Übersicht über die Behandlung der dinglichen Surrogation im französischen Rechtskreis zeigt somit, daß neben der Anerkennung der dinglichen Surrogation bei Vermögen zu Ende des 19. Jahrhunderts eine starke Tendenz in der Rechtslehre zu verzeichnen ist, der dinglichen Surrogation auch bei Einzelsachen in immer größerem Maße Geltung zu verschaffen. Offenbar hat die Diskussion in der französischen Literatur gerade im letzten Punkt ihre Wirkung auch auf die Verfasser des BGB nicht verfehlt, denn das BGB hat im Anschluß an die Entwicklung in Frankreich erstmals in der deutschen Rechtsgeschichte der dinglichen Surrogation bei Einzelsachen zum Durchbruch verholfen.

---

[23] Etwa bei der Erstreckung der nur für Grundstücksrechte vorgesehenen Hypothek auf Versicherungsentschädigungen, vgl. Rust, S. 23.

[24] Demogue, S. 236 ff.; siehe hierzu Genner, S. 25 f.; Rust, S. 24 f.

[25] Genner, S. 25; Rust, S. 24.

[26] Insoweit ähnlich wie Demogue die Theorien von Planiol, Henry, Aurenge, Magnillat zu Anfang dieses Jahrhunderts; vgl. hierzu Rüst, S. 25 ff.

[27] Hinsichtlich weiterer Einzelheiten der Lehre Demogues sei verwiesen auf Rust, S. 24 f.

§ 11 Die Gesetzesmaterialien zum BGB

Das BGB kennt keine allgemeinen Bestimmungen über die Surrogation, doch haben seine Verfasser für eine große Zahl von gleichartig scheinenden Rechtsideen in den Materialien zum BGB die Ausdrücke „Surrogation“ und „Surrogationsprinzip“ des öfteren verwendet, ohne sie allerdings näher zu erläutern.

Dennoch darf man sich dadurch, daß in den Materialien allenthalben von „Surrogation“ und „Surrogationsprinzip“ die Rede ist, nicht täuschen lassen: Eine einheitliche Vorstellung über diesen Begriff läßt sich trotz seiner häufigen Verwendung nicht nachweisen.

Untersucht man das BGB hinsichtlich der uns interessierenden dinglichen Surrogation, so zeigt sich, daß der Gesetzgeber auch hierfür keine einheitliche Umschreibung, sondern unterschiedliche Formulierungen gebrauchte.[1]

Hinzu kommt, daß man unter diesen Surrogationsbestimmungen zwei Gruppen streng unterscheiden muß: die allgemeinen Surrogationsbestimmungen bei den einzelnen Sondervermögen und die speziellen Surrogationsbestimmungen in bestimmten Einzelfällen, welche nicht in unmittelbarer Beziehung zum Vermögensganzen stehen.[2]

Bemerkenswert ist dabei, daß sich die engste Anlehnung an den Satz *„pretium succedit etc.“* gerade bei der zweiten Gruppe findet, obwohl das ältere gemeine Recht diese Parömie ausschließlich für Sondervermögen geprägt hatte. So findet sich z. B. in den §§ 966 II, 975, 979 II BGB die Formulierung: „Der Erlös tritt an die Stelle der Sache“.[3] Dagegen begegnet bei Sondervermögen eine eindeutige Bezugnahme auf die *„pretium succedit“*-Regel nur insoweit, als in bestimmten Fällen einem Sondervermögen zugeordnet wird, was „mit Mitteln“ desselben erworben wird.[4]

I. Die Surrogation bei Einzelgegenständen

Wie wir bereits festgestellt haben, zeigen die Surrogationsbestimmungen bei Einzelgegenständen zwar auch das Wesen der Surrogation, sind aber in

---

[1] Vgl. die Zusammenstellung bei Strauch, S. 24.

[2] Siehe oben S. 19.

[3] Vgl. auch §§ 1219 II, 1247 BGB: „Der Erlös tritt an die Stelle des Pfandes.“

[4] Siehe unten S. 89.

ihrem speziellen Zweck von den Surrogationsbestimmungen bei Sondervermögen grundverschieden.[5]

Diese prinzipielle Unterscheidung spiegelt sich klar bereits in zwei Stellen der Motive wieder. In der einen heißt es, „der Satz *res succedit in locum pretii, pretium succedit in locum rei* oder, allgemeiner gefaßt, *surrogatum sapit naturam ejus, cui surrogatur*" sei „keine allgemeine Rechtswahrheit; das Gesetz kann ihn nur für einzelne Rechtsverhältnisse aus praktischen Rücksichten verwerthen"[6]. Verwiesen wird dabei auf die §§ 341,[7] 460,[8] 895,[9] 913,[10] 1000,[11] 1002,[12] 1034,,[13] 1219 E I[14].

In der anderen liest man: „Der Surrogationsgrundsatz, welcher bereits in den §§ 1290,[15] 1349,[16] 1414,[17] 1825[18] zur Geltung gelangt ist, muß auch für den Erbschaftsanspruch anerkannt werden."[19]

Der „Schlüssel zum Verständnis dieser Stellen" liegt zum einen in den von den Motiven genannten Paragraphen und zum anderen in dem Wort „verwerten". Im ersten Fall werden nämlich zum Beleg der Notwendigkeit einer Surrogation für einzelne Gegenstände Vorschriften zitiert, in denen eine solche „aus praktischen Rücksichten" als notwendig erscheint. Gleichzeitig ergibt sich aus dem Wort „verwerten", daß der Surrogationsgedanke, wie er bei den *universitates iuris* begegnet, lediglich für ein ihm ursprünglich fremdes Gebiet dienstbar gemacht werden soll. Somit dient die Berufung auf den Satz *„pretium succedit in locum rei"* in diesen Fällen „nur zur Klarstellung der Wirkung der Surrogation, wie sie in Erscheinung tritt, nicht zur Bezeichnung der *causa*."[20]

---

[5] Siehe oben S. 19.
[6] Motive III, S. 29 f.
[7] § 341 E I (nicht ins BGB übernommen).
[8] § 460 E I (nicht ins BGB übernommen).
[9] § 895 E I (entsprechend § 949 BGB).
[10] § 913 E I (entsprechend § 966 BGB).
[11] § 1000 E I (entsprechend § 1048 BGB).
[12] § 1002 E I (entsprechend § 1046 BGB).
[13] § 1034 E I (entsprechend § 1079 BGB).
[14] § 1219 E I (entsprechend § 1287 BGB).
[15] § 1290 E I (entsprechend § 1370 a. F. BGB).
[16] § 1349 E I (entsprechend § 1440 a. F. BGB).
[17] § 1414 E I (entsprechend § 1524 a. F. BGB).
[18] § 1825 E I (entsprechend § 2111 BGB).
[19] Motive V, S. 583.
[20] Holldack, S. 563.

II. Die Surrogation bei Sondervermögen

1. Die zwei „Grundformen der Surrogation"

Das BGB hat weder den Begriff des Vermögens noch den des Sondervermögens gesetzlich umschrieben.[21] Demzufolge enthält das BGB auch keine allgemeinen Bestimmungen über die Surrogation bei Sondervermögen. Vielmehr hat sich der Gesetzgeber auch hier darauf beschränkt, in einer Reihe von Vorschriften Erwerbsvorgänge anzuordnen und diese in den Materialien als „Surrogation" zu bezeichnen, ohne auf die Unterschiede in den Voraussetzungen der verschiedenen Vorschriften näher einzugehen.

Diese Technik des Gesetzgebers, die Surrogation als Rechtsbegriff nicht zu behandeln, trotzdem jedoch eine Reihe von Vorschriften mit einer Wirkung zu versehen, die in den Materialien als „Surrogation" bezeichnet wird, bewirkte ein erneutes Aufflackern der Diskussion um Inhalt und Umfang des „Surrogationsprinzips" zu Anfang dieses Jahrhunderts,[22] deren wesentliches Ergebnis im folgenden kurz dargestellt werden soll:

Wenn das BGB die Vermögenseinheit als allgemeinen Rechtsbegriff auch nicht kenne, so habe es doch durch einheitliche rechtliche Behandlung der verschiedenen Sondervermögen die Konsequenz aus der Auffassung dieser Sondervermögen als Begriffseinheit gezogen. Die rechtliche Anerkennung der Vermögenseinheit zeige sich namentlich darin, daß zur Abgrenzung der einzelnen Sondervermögen von dem allgemeinen Vermögen desselben bzw. eines anderen Rechtssubjekts und zur Erhaltung des Sondervermögens über den Wechsel seiner Teile hinaus das „Surrogationsprinzip" auf den Erwerb des Inhabers des Sondervermögens angewendet werde. Am sorgfältigsten sei die „Surrogation" im Familien- und Erbrecht ausgebildet, weil es der Gesetzgeber hier vorwiegend mit geschlossenen Vermögensmassen zu tun habe und die „Surrogation" für Vermögenseinheiten ohnehin eine ungleich wichtigere Rolle spiele als für einzelne Gegenstände. Aus der gleichmäßigen Formulierung in den verschiedenen Fällen der „Surrogation" lasse sich das „Prinzip" ableiten, welches für die Ausgestaltung der „Surrogation" bei Sondervermögen im BGB maßgebend gewesen sei.

---

[21] Das Vermögen wird allgemein definiert als die Summe aller geldwerten Güter einer Person; vgl. Soergel / Baur, vor § 90, Rdnr. 10; Staudinger / Dilcher, Vorbem. zu § 90, Rdnr. 21; MünchKomm-Holch, § 90, Rdnr. 42.

Ein Sondervermögen bildet demgegenüber einen engeren fest abgegrenzten Kreis von Rechten innerhalb eines Vermögens, der an bestimmte gesetzlich festgelegte Zwecke gebunden ist; vgl. von Tuhr I, S. 331; Wolf, S. 710; Strauch, S. 81.

[22] Vgl. etwa die Untersuchungen von Bellermann, Beyer, Brill, Buhrow, Consmüller, Ernst, Feist, Holldack, Kohler, Lindenberg, Ostermeyer, Raasch, Scherer, Schmitt, Schulte, Siber, Spindler, Thiele, Waller, Windmüller. Einen Überblick über die Literatur geben Strauch, S. 35 ff. und Viebig, S. 3 ff.

Das BGB regele die „Surrogation" bei Sondervermögen nicht mit denselben Worten. Zwei Grundformen der Ausdrucksweise ließen sich hierbei deutlich unterscheiden. Die eine gelte für sämtliche Vorbehaltsgüter (§§ 1370 a. F., 1440 a. F., 1486 a. F., 1526 I a. F. BGB), für das eingebrachte Gut bei der Errungenschafts- und Fahrnisgemeinschaft (§§ 1524 I a. F., 1554 a. F. BGB), für die Gesamtgüter in der Zeit zwischen Aufhebung der Gemeinschaft und Auseinandersetzung (§§ 1473 a. F., 1546 a. F., 1549 a. F. BGB), für das verwaltungsfreie Kindesvermögen (§§ 1651 a. F., 1638 II BGB), für die ungeteilte Erbengemeinschaft (§ 2041 BGB) und für den Erbschaftskauf (§ 2374 BGB) und laute:

„Sondervermögen wird alles das, was auf Grund eines zum betreffenden Vermögen gehörenden Rechts oder als Ersatz für die Zerstörung, Beschädigung und Entziehung eines zum Vermögen gehörenden Gegenstandes oder durch ein Rechtsgeschäft erworben wird, das sich auf das Sondervermögen bezieht."

Die andere Grundform finde sich für den Güterstand der ehemännlichen Nutznießung und Verwaltung (§ 1381 a. F. BGB), für das Kindesvermögen unter elterlicher Verwaltung (§ 1646 BGB),[23] beim Erbschaftsanspruch (§ 2019 BGB), beim Herausgabeanspruch des für tot Erklärten (§ 2031 BGB) sowie bei der Vorerbschaft (§ 2111 BGB) und laute – kleinerer Verschiedenheiten ungeachtet –:

„Was mit Mitteln des betreffenden Sondervermögens erworben wird, fällt in dieses Vermögen."

Seit Inkrafttreten des Gleichberechtigungsgesetzes vom 18. 6. 1957 findet sich die erste Grundform indes nur noch in den §§ 1418 II Nr. 3, 1486 II BGB für das Vorbehaltsgut bei Gütergemeinschaft und fortgesetzter Gütergemeinschaft, in den §§ 1473 I, 1497 II BGB für das Gesamtgut bei Gütergemeinschaft und fortgesetzter Gütergemeinschaft für die Zeit zwischen Aufhebung der Gemeinschaft und Auseinandersetzung, weiterhin bei §§ 1638 II, 2041 und 2374 BGB, die zweite Grundform in den §§ 1646, 2019, 2031 und 2111 BGB.

---

[23] § 1646 BGB betrifft kein Sondervermögen im eigentlichen Sinne, sondern das allgemeine Vermögen des Kindes, für das die Eltern als gesetzliche Vertreter handeln; allerdings unterscheidet es sich gerade dadurch von dem allgemeinen Vermögen einer beliebigen geschäftsfähigen Person, da dieses nicht von einem anderen verwaltet wird. Vgl. Strauch, S. 83.

§ 1638 II BGB betrifft demgegenüber das verwaltungsfreie Vermögen oder Freigut des Kindes, das die Eltern nach § 1638 I BGB nicht verwalten können. Für das minderjährige Kind muß daher zur Verwaltung dieses Vermögens gemäß § 1909 I BGB ein Pfleger bestellt werden; dieser ist gesetzlicher Vertreter des Kindes für das Freigut.

§ 1638 II entscheidet jedoch nicht, ob ein Erwerb in das Vermögen des Kindes oder das des Pflegers fällt (das hielt man bei der gerichtlichen Kontrolle, unter der der Pfleger steht, wohl für ausgeschlossen), sondern ob ein Erwerb dem allgemeinen oder dem verwaltungsfreien Vermögen des Kindes zugeordnet wird. Vgl. Strauch, S. 84.

Zum näheren Verständnis dieser beiden Ausdrucksformen ist es unumgänglich, die bei ihrer Entstehung in den Gesetzesmaterialien angeführten Gründe und sonstigen Bemerkungen heranzuziehen.

2. Der erste Entwurf

Der erste Entwurf war vor der Anordnung einer Surrogation im Sinne der genannten zweiten Form noch weitgehend zurückgeschreckt.

Man hatte es vielmehr vorgezogen, dort wo bei den Sondervermögen des Familien- und Erbrecht im ersten Entwurf „Surrogationsbestimmungen" getroffen waren, die oben zuerst angeführte Formulierung zu wählen.[24]

Eine ausführliche Erläuterung dieser „Surrogationsformel" geben die Motive zu § 1290 E I:[25]

„Aus dem Zwecke des Vorbehaltsgutes ergiebt sich, daß Alles, was die Ehefrau auf Grund und in Folge der ihr zustehenden Nutzung und Verwaltung desselben erwirbt, Vorbehaltsgut werden muß. . . Unter den hervorgehobenen Gesichtspunkt fällt zunächst aller Erwerb, welcher der Ehefrau auf Grund eines zu dem Vorbehaltsgute gehörenden Rechtes, sei es unmittelbar kraft Gesetzes oder durch Vermittelung eines den Inhalt des Rechtes verwirklichenden Rechtsgeschäftes, zufällt, ferner dasjenige, was sie als Ersatz für die Zerstörung, Beschädigung oder Entziehung eines zum Vorbehaltsgute gehörenden Gegenstandes erwirbt . . .

Eine dritte Hauptklasse, welche unter den im Eingange hervorgehobenen Gesichtspunkt fällt, bildet der Erwerb durch solche Rechtsgeschäfte, welche auf Vorbehaltsgut sich beziehen. Das Vorbehaltsgut steht hier nicht rechtlich, sondern nur wirthschaftlich mit dem Erwerbe im Zusammenhange. Dieser Zusammenhang braucht auch nicht darin zu bestehen, daß der Erwerb, wie dies bei Umsatzgeschäften der Fall ist, sich wirthschaftlich als durch das Vorbehaltsgut gemacht darstellt, sondern es genügt schon, wenn das Rechtsgeschäft subjektiv mit Beziehung auf das Vorbehaltsgut geschlossen ist und objektiv mit demselben in Zusammenhang gebracht werden kann, z. B. wenn Inventarienstücke für ein zum Vorbehaltsgute gehörendes Grund-

---

[24] Die §§ 1290 (entsprechend § 1370 a. F. BGB), 1349 (entsprechend § 1440 a. F. BGB), 1414 (entsprechend § 1524 a. F. BGB), 1510 E I (entsprechend § 1638 BGB) sind fast unverändert ins BGB aufgenommen worden, aber auch die Vorläufer derjenigen Vorschriften, die jetzt die zweite Grundform aufweisen, wie § 2081 E I (entsprechend § 2019 BGB), haben im ersten Entwurf die erste Form, lediglich bei § 1825 E I (entsprechend § 2111 BGB) findet sich ein Anklang an die jetzige zweite Form des § 2111 BGB, wobei aber die Motive V, S. 109, selbst auf verschiedene Bedenken hinweisen. Vorbilder für die mit der zweiten Form ausgestalteten §§ 1381 a. F. und 1646 BGB fehlen im ersten Entwurf ganz.

[25] § 1290 E I lautete: „Vorbehaltsgut sind die Gegenstände, welche die Ehefrau auf Grund eines zum Vorbehaltsgute gehörenden Rechtes oder als Ersatz für die Zerstörung, Beschädigung oder Entziehung eines zum Vorbehaltsgute gehörenden Gegenstandes oder durch solche Rechtsgeschäfte erwirbt, welche auf Vorbehaltsgut sich beziehen."

stück angeschafft werden oder ein Dienstvertrag über Arbeiten geschlossen wird, welche objektiv auf Gegenstände des Vorbehaltsgutes sich beziehen. Daß der Erwerb aus Rechtsgeschäften der bezeichneten Art dem Vorbehaltsgute zufallen soll, rechtfertigt sich dadurch, daß die ordnungsmäßige Verwaltung und Erhaltung eines Vermögens ohne solche Rechtsgeschäfte auf die Dauer unmöglich ist. Der Ehefrau soll aber die Verwaltung und Erhaltung des Vorbehaltsgutes vollständig gesichert werden. Es müssen ihr deshalb auch die zur Erreichung dieses Zweckes unentbehrlichen Mittel gewährt werden."[26]

Die Motive unterscheiden also innerhalb dieser ersten Grundform entsprechend dem Gesetzesvorschlag drei Gruppen des „Surrogationserwerbs“:

a) Erwerb auf Grund eines zum Vorbehaltsgut gehörenden Rechts,

b) Erwerb als Ersatz für die Zerstörung, Beschädigung und Entziehung eines zum Vorbehaltsgut gehörenden Gegenstandes,

c) Erwerb durch ein sich auf das Vorbehaltsgut beziehendes Rechtsgeschäft.

Hinsichtlich der ersten Alternative – Erwerb auf Grund eines zum Sondervermögen gehörenden Rechtes – spricht die Literatur von „Rechtserwerbsklausel“, die zweite – Erwerb als Ersatz für die Zerstörung, Beschädigung und Entziehung eines zum Sondervermögen gehörenden Gegenstandes – wird als „Ersatzklausel“ bezeichnet, die dritte Alternative – Erwerb durch ein sich auf das Sondervermögen beziehendes Rechtsgeschäft – im allgemeinen „Beziehungsklausel“ genannt.[27]

a) Unter die Rechtserwerbsklausel fällt nach den Ausführungen der Motive sowohl der Erwerb, der auf Grund eines zum Sondervermögen gehörenden Rechtes unmittelbar kraft Gesetzes gemacht wird, wie auch der Erwerb, der zwar eines vermittelnden Rechtsgeschäftes bedarf, aber dennoch lediglich Folge eines zum Sondervermögen gehörenden Rechtes ist.[28]

Bei der ersten Erwerbsart handelt es sich jedoch nicht um Fälle der Surrogation, sondern um Mehrungserwerb:[29] So ist hierzu etwa der Fruchterwerb (§§ 953 ff. BGB) zu rechnen, der auf Grund eines zum Sondergut zählenden Eigentumsrechtes oder Rechtes an einer fremden Sachen (z. B. Nießbrauch) erlangt wird, ferner etwa der Erwerb, der auf Grund eines solchen Eigentumsrechtes durch Verbindung, Vermischung oder Verarbeitung (§§ 946 ff. BGB) gemacht wird.

---

26 Motive IV, S. 177 f.

27 Vgl. zu den einzelnen „Surrogationsklauseln“ Wolf, S. 712 ff.; Strauch, S. 123 ff.

28 Strauch, S. 127 f.

29 Strauch, S. 128.

Daneben soll der Erwerb in das Sondervermögen fallen, der auf Grund eines zu diesem gehörenden Rechts erfolgt, aber noch eines vermittelnden Rechtsgeschäfts bedarf. Als praktisch wichtigsten Fall erwähnen die Motive den Erwerb eines Gegenstandes, der durch Erfüllung eines zum Sondervermögen gehörenden Forderungsrechtes erlangt ist, z. B. Mieten aus Wohngebäuden, Pacht- und Kapitalzinsen etc. Von der Rechtserwerbsklausel wird jedoch nur der Erwerb erfaßt, der dem bestimmungsgemäßen Inhalt des Rechts entspricht; infolgedessen gehört zum Rechtserwerb nicht das Entgelt, das bei der Veräußerung eines zum Sondervermögen gehörenden Rechts erzielt wird.[30]

b) Bei der Ersatzklausel zeigt sich die Surrogation in ihrer eigentlichen Bedeutung, indem sie Ersatzleistungen für die Zerstörung, Beschädigung oder Entziehung eines zum Sondervermögen gehörenden Gegenstandes diesem zuordnet. Hierzu gehören alle Rechte, die auf Grund gesetzlicher oder vertraglicher Bestimmung, sei es als Schadensersatz, Aufwendungsersatz, Enteignungsentschädigung oder Bereicherungsentschädigung wirtschaftlich den Wert des ursprünglichen Gegenstandes verkörpern. Auch Versicherungsforderungen sind hierher zu rechnen.[31]

c) Besonders eingehend befassen sich die Motive mit der Beziehungsklausel.

Das Sondervermögen – so die Motive – stehe hierbei nicht rechtlich, sondern nur wirtschaftlich mit dem Erwerb in Zusammenhang. Der Zusammenhang brauche auch nicht darin zu bestehen, daß der Erwerb – wie bei Umsatzgeschäften – sich wirtschaftlich als durch das Sondervermögen gemacht darstelle, sondern es genüge schon, wenn das Rechtsgeschäft subjektiv mit Beziehung zum Sondervermögen geschlossen sei und objektiv mit ihm in Zusammenhang gebracht werden könne.

Es lassen sich wiederum zwei Fälle unterscheiden:

Zum einen der Erwerb, der als wirtschaftlicher Ausfluß des Sondervermögens erscheint. Hierunter fällt aller Erwerb, der aus Umsatzgeschäften, Kauf, Tausch etc. mit Mitteln des Sondervermögens herrührt, daneben aber auch Fälle des Mehrungserwerbs, wie Erträge aus Miet- und Pachtverträgen, Früchte, Zinsen usw. Stets ist jedoch erforderlich, daß der Erwerb mit Beziehung auf das Sondervermögen getätigt ist. Der bloße materielle Zusammenhang mit den aufgewendeten Mitteln des Sondervermögens genügt dabei nach Auffassung der Motive keineswegs. Um bei dem Beispiel des § 1290 E I zu

[30] Wolf, S. 713.
[31] Wolf, S. 713.

bleiben: Schafft die Ehefrau mit Mitteln aus dem Vorbehaltsgut Geräte für ein zum eingebrachten Gut gehörendes Grundstück an, so tritt – mangels einer Beziehung des Erwerbsgeschäfts zum Vorbehaltsgut – kein Erwerb zu diesem ein.

Als zweiter Fall ist zu unterscheiden der Erwerb aus Rechtsgeschäften, die für das Sondervermögen vorgenommen sind. Die objektive Beziehung wird hier durch den Verwendungszweck der neu erworbenen Gegenstände hergestellt, z. B. Erwerb von Einrichtungsgegenständen für ein zum Sondervermögen gehörendes Anwesen, Wiederanschaffungen an Stelle verlorenen oder untergegangenen Grundstücksinventars. Einen solchen „Surrogationserwerb" rechtfertigen die Motive damit, daß die ordnungsgemäße Verwaltung und Erhaltung eines Vermögens ohne solche Rechtsgeschäfte auf die Dauer unmöglich sei; da die Verwaltung und Erhaltung des Sondervermögens vollständig gesichert werden solle, müßten auch die zur Erreichung des Zweckes notwendigen Wege gewährt werden.

Bei all den sich objektiv auf das Sondervermögen beziehenden Rechtsgeschäften, gleichgültig, ob die Mittel hierfür aus diesem oder einem anderen Vermögen entstammen, müsse mitentscheidend für das den Erwerb begründende Rechtsgeschäft allerdings das subjektive Moment – der Wille, für das Sondervermögen erwerben zu wollen – hinzutreten.

Offenkundig stellt damit die Beziehungsklausel nichts anderes dar als eine Fortschreibung der späten Lehre der Pandektistik zum *peculium*, welches einer Fortentwicklung durch Erwerbshandlungen seines Inhabers fähig sein sollte, wenn diese mit dem *peculium* in einem objektiven und subjektiven Zusammenhang stünden und sich somit als Verwaltungshandlung in Bezug auf das *peculium* darstellten.

Daß auch das, was auf Grund eines zum *peculium* gehörenden Rechtes oder als Ersatz für die Zerstörung, Beschädigung oder Entziehung für einen zum *peculium* gehörenden Gegenstand erworben wurde, *ipso iure* dem *peculium* zufallen sollte, war im gemeinen Recht ohnehin anerkannt.

Die Auffassung der Pandektistik hatte vor allem *Planck* für die in seinem Teilentwurf zum Familienrecht behandelten Sondervermögen übernommen. Entsprechend formulierte er den Vorgänger des § 1290 E I folgendermaßen:

> „Vorbehaltsgut wird ferner, was die Ehefrau auf Grund eines zu ihrem Vorbehaltsgut gehörigen Rechts oder als Ersatz für die Zerstörung, Beschädigung oder als Ersatz für die Zerstörung, Beschädigung oder Entziehung eines dazu gehörigen Gegenstandes oder durch Rechtshandlungen erwirbt, welche sie behufs Verwaltung ihres vorbehaltenen Vermögens vorgenommen hat."[32]

---

[32] § 85 TE FamR.

Die erste Kommission hat lediglich der Klarheit halber die Fassung „welche sie behufs Verwaltung ihres vorbehaltenen Vermögens vorgenommen hat" durch die Umschreibung „oder durch Rechtsgeschäfte erwirbt, welche auf Vorbehaltsgut sich beziehen" ersetzt. Eine sachliche Änderung war damit nicht verbunden.[33]

Wenn damit auch von der Lehre vom *peculium* entscheidende Wirkung auf die Behandlung der Sondervermögen im ersten Entwurf ausgegangen ist, so bleibt dennoch zu beachten, daß sich dieser Einfluß letztlich auf die eigenen Sondervermögen beschränkte.

Bei den in fremder Hand befindlichen Sondervermögen fällt nämlich auf, daß im ersten Entwurf eine „Surrogationsanordnung" entweder völlig fehlte (§§ 1381 und 1646 BGB) oder einer solchen – wie bei Erbschaftsanspruch (§ 2081 E I) – lediglich obligatorische Wirkung zukam.

Während bei den eigenen Sondervermögen – und hierin besteht gerade die Parallele zum *peculium* – ohnehin nur eine Person als Erwerber in Betracht kommt, stellt sich demgegenüber bei den fremdverwalteten Sondervermögen darüber hinaus das Problem, welcher Person der Erwerb dinglich zugeordnet werden soll.

Die Tatsache, daß die Regelung beim Erbschaftsanspruch im ersten Entwurf von der Formulierung her den „Surrogationsvorschriften" der anderen Sondervermögen durchaus entspricht,[34] besagt daher noch nichts über die Wirkung der „Surrogation". Und in der Tat lehnen die Motive beim Erbschaftsanspruch eine dingliche Wirkung der „Surrogation" strikt ab:

> „Ebensowenig kann der Surrogation dingliche Wirkung in der Ausdehnung beigelegt werden, daß der Erbe ohne Weiteres kraft des Gesetzes Eigenthümer des von dem Erbschaftsbesitzer erworbenen Gegenstandes wird. Eine solche Vorschrift würde auch mit wichtigen für den Verkehr mit Sachen aufgestellten Grundsätzen im Widerspruch stehen. In einem solchen Falle geht der Anspruch auf Herausgabe im Sinne

---

[33] Vgl. Prot. erste Kommission, S. 6302 f.

[34] § 2081 E I lautete: „Als Erbschaftsgegenstände im Sinne des § 2080 gelten auch:

1. Die Sachen, welche zur Zeit des Todes des Erblassers in dessen Besitze oder Inhabung sich befunden haben.
2. Die Gegenstände, welche auf Grund eines zur Erbschaft gehörenden Rechtes oder als Ersatz für die Zerstörung, Beschädigung oder Entziehung eines Erbschaftsgegenstandes dem Erben erworben sind.
3. Die Gegenstände, welche der Erbschaftsbesitzer durch ein auf die Erbschaft oder einen Erbschaftsgegenstand sich beziehendes Rechtsgeschäft, insbes. durch Annahme einer Leistung, erworben hat, sofern das Rechtsgeschäft gegenüber dem Erben wirksam ist oder von demselben genehmigt wird; diese Vorschrift findet jedoch keine Anwendung, wenn das Rechtsgeschäft auf verbrauchbare Sachen, welche zur Erbschaft gehören, sich bezieht.
4. Die Nutzungen aller Erbschaftsgegenstände, insbes. die Nutzungen der Sachen, auch insoweit, als sie nicht zu den unter Nr. 2 bezeichneten Gegenständen gehören."

von Uebertragung; – auch in den §§ 244, 739, 740 und sonst im Entwurfe ist unter „herausgeben" das *tradere* mit zu verstehen.

Die Surrogation wird jedoch nicht auf die bisher hervorgehobenen Geschäfte beschränkt, sondern im Einklange mit den §§ 1290, 1349, 1414 für alle den Erwerb bezielenden Geschäfte des Erbschaftsbesitzers zur Geltung gebracht. Erfordert wird nur, daß die Geschäfte subjektiv mit Bezug auf die Erbschaft oder einen Erbschaftsgegenstand geschlossen sind und daß sie objektiv mit der Erbschaft oder einem Erbschaftsgegenstande in Zusammenhang gebracht werden können."[35]

Man sah sich hierbei im Einklang mit der Doktrin des gemeinen Rechts zum Erbschaftsanspruch:

„Nach dem Vorgange des gem. Rechtes, das für die Erbschaftsklage den Satz *pretium succedit in locum rei, res succedit in locum pretii* in gewissem Umfange anerkennt, und der sich daran anschließenden Theorie und Praxis des preuß. Rechtes bestimmte der E. I, daß bei der Geltendmachung des Erbschaftsanspruchs der rechtsgeschäftliche Erwerb des Erbschaftsbesitzers als Erbschaftsgegenstand gelten solle. Der Surrogation war jedoch nicht dingliche Wirkung beigelegt, vielmehr sollte der Erbschaftsanspruch nur auf Herausgabe im Sinne von Übertragung gerichtet sein. Im Anschluß an das bisherige Recht war ferner vorausgesetzt, daß das den Erwerb vermittelnde Geschäft nicht nur objektiv mit der Erbschaft oder einem Erbschaftsgegenstand im Zusammenhang stehe, sondern auch subjektiv mit Bezug darauf geschlossen sei. Endlich sollte bei verbrauchbaren Sachen, die zur Erbschaft gehören, die Surrogation ausgeschlossen sein."[36]

3. Der zweite Entwurf

Der erste Entwurf war bekanntlich einer lebhaften Kritik ausgesetzt. Vor allem die nach römisch-rechtlichem Vorbild ausgestalteten Regelungen des Gesellschafts- und Miterbenrechts wurden mit Vehemenz angegriffen.[37] Daneben stieß auch die „atomistische" Ausgestaltung der Vermögensbeziehungen und die Ablehnung des Entwurfs gegenüber dem Begriff der Sondervermögen auf grundsätzliche Bedenken.[38]

Gerügt wurde auch die Konzeption des ehelichen Güterrechts, bei dem „der wahre Gemeinschaftsgeist der deutschrechtlichen Ehegütergemeinschaft nicht sichtbar werde".[39]

Auf Zustimmung stießen jedoch die im ersten Entwurf enthaltenen „Surrogationsbestimmungen". *Schröder* führt hierzu in seiner Auseinandersetzung mit dem Familiengüterrecht des ersten Entwurfes aus:

[35] Motive V, S. 584.
[36] Planck / Strohal, § 2019, Anm. 1.
[37] Gierke, Personengemeinschaften, S. 83, 95; Eck, S. 47.
[38] Gierke, Personengemeinschaften, S. 106, 118.
[39] Gierke, Personengemeinschaften, S. 89.

„Das deutsche eheliche Güterrecht geht gleich dem römischen davon aus, daß das für die Lasten der Ehe bestimmte Vermögen einheitlich durch den Mann verwaltet wird, und zwar mit freiem Verfügungsrecht des letzteren über das dazu gehörige bewegliche Gut. Offenbar ist es den Römern ebenfalls klar gewesen, daß eine den Zwecken der Ehe dienende ordnungsmäßige Vermögensverwaltung ohne ein Mobiliarveräußerungsrecht nicht gedacht werden kann. Indem der Entwurf dies Recht beseitigt oder an unmöglichen Schranken bindet, bewegt er sich auf einem Boden, der ebenso unrömisch wie undeutsch ist. Dem unstreitig vorliegenden Bedürfnisse, die Ehefrau gegen eine Vergeudung ihres Vermögens durch den Mann zu schützen, kann wahrlich auf anderem Wege genügt werden. Das römische Recht genügt demselben theils durch die Dotalprivilegien, theils dadurch, daß es der Frau überläßt, nach eigenem Ermessen Theile ihres Vermögens vorzubehalten. Wir stimmen dem Entwurfe durchaus zu, wenn er diese Auskunftsmittel verwirft, die Dotalprivilegien, weil sie für die Gläubiger des Mannes gefährlich sind, das einseitige Vorbehaltsrecht der Ehefrau, weil es durch und durch undeutsch ist. Aber gegenüber dem System des Entwurfs, das wir für ebenso undeutsch und naturwidrig wie praktisch undurchführbar halten, besitzt das deutsche Recht ausreichende Mittel, um dem Bedürfnisse entgegenzukommen."[40]

Ein dem deutschen Recht entstammendes „wichtiges Sicherungsmittel für die Frau" zum Schutz gegenüber einer Vergeudung ihres Vermögens durch den Ehemann sah *Schröder* gerade in der Anordnung der „Surrogation" im ersten Entwurf.[41]

Aufgrund der am ersten Entwurf geäußerten Kritik kam es im zweiten Entwurf zu einigen grundlegenden Änderungen. Das Gesellschaftsrecht und das Recht der Erbengemeinschaft erhielten einen durch deutschrechtliche Gedanken weithin geprägten Charakter.

Daneben brachte der zweite Entwurf in einer Reihe von neuen Fällen „Surrogationsvorschriften".

Hierdurch und durch die Tatsache, daß verschiedene Vorschriften – insbesondere der Erbschaftsanspruch – hinsichtlich der Surrogation mit dinglicher Wirkung in der angeführten zweiten Grundform, der sogenannten „Mittelklausel", ausgestaltet wurden, wurde bei der Beratung der einzelnen „Surrogationsvorschriften" eine zum Teil recht lebhafte Erörterung angeregt, die ihren Niederschlag in einer Reihe von verschiedenartigen Abänderungsvorschlägen zu den schon vorhandenen oder vorgeschlagenen Bestimmungen fand.

---

[40] Schröder, Familiengüterrecht, S. 18 f.

[41] Schröder, Familiengüterrecht, S. 19: „Ein weiteres wichtiges Sicherungsmittel für die Frau finden wir mit dem Entwurfe in der Feststellung der Surrogatsnatur alles dessen, was der Mann mit Ehegütern erworben hat; der bloße Ersatzanspruch der Frau, wie er in Gemäßheit des Sachsenspiegelrechts in manchen neueren Gesetzen entwickelt ist, kann nicht genügen." Allerdings liegt dieser Auffassung eine unzutreffende Interpretation der Beziehungsklausel zugrunde.

Wir haben gesehen, daß für den Güterstand der ehemännlichen Verwaltung und Nutznießung im ersten Entwurf bezüglich des Vorbehaltsgutes in § 1290 E I „Surrogation" in der ersten Grundform angeordnet war. Dagegen bestand für das eingebrachte Gut eine „Surrogationsbestimmung" nicht, weil die Verwaltung des Mannes so gedacht war, daß er sie gewissermaßen gemeinschaftlich mit der Frau führen sollte, die er regelmäßig zu veranlassen habe, selbst zu handeln oder ihm Vollmacht zu geben.[42]

Bei dieser Gestaltung bedurfte die Frau keiner besonderen Sicherung.

Er erschien jedoch unerläßlich, die Frau in einem höheren Maße sicher zu stellen, als nach dem Gegenentwurf und den Beschlüssen der zweiten Lesung dem Mann bei der Verwaltung des eingebrachten Gutes eine weit größere Freiheit, jedenfalls Handeln ohne Vollmacht eingeräumt wurde.

Auf den ersten Blick hätte es nahegelegen, hier eine „Surrogationsvorschrift" ähnlich wie beim Vorbehaltsgut einzuführen, wie dies auch der Gegenentwurf getan hatte:

> „Was der Mann durch ein mit Zustimmung der Frau für Rechnung des eingebrachten Gutes vorgenommenes Rechtsgeschäft erwirbt, wird eingebrachtes Gut."[43]

Diese Vorschrift wurde jedoch gestrichen und ein Antrag angenommen, der der Normierung des § 1381 a. F. BGB entsprach (§ 1279 E II):

> „Erwirbt der Mann mit Mitteln des eingebrachten Gutes bewegliche Sachen, so geht mit dem Erwerbe das Eigenthum auf die Frau über, es sei denn, daß der Mann nicht für Rechnung des eingebrachten Gutes erwerben wollte . . ."

Zur Begründung dieser abweichenden Formulierung machten die Protokolle vor allem geltend, daß „es richtiger sei, den Eintritt der Surrogation von der Voraussetzung abhängig zu machen, daß der Erwerb mit Mitteln des eingebrachten Gutes erfolge. Der materielle Zusammenhang des Erwerbes mit dem eingebrachten Gute bilde den Grund dafür, daß der Erwerb, welcher formell nicht zu dem eingebrachten Gute gehöre, vom Gesetzgeber als zu ihm gehörig betrachtet werde".[44]

Dennoch ist damit nicht die Frage beantwortet, warum sich die zweite Kommission beim eingebrachten Gut für eine andere Normierung der „Surrogationsvorschrift" als beim Vorbehaltsgut entschieden hat. Auch weder die Denkschrift noch die Beratungen im Reichstag bieten zum Verständnis dieser Abweichung nähere Anhaltspunkte. Allerdings finden sich in den Beratungen

---

[42] Prot. IV, S. 119.

[43] Gegenentwurf § m, vgl. Prot. IV, S. 184.

[44] Prot. IV, S. 189.

der zweiten Kommission einige Hinweise über die Normierung des „Surrogationsprinzips“ im Erbrecht – insbesondere bei der Erbengemeinschaft –, die geeignet sind, Aufklärung über Bedeutung und Zweck der beiden „Surrogationsformen“ zu bringen.

Bezüglich der Erbengemeinschaft enthielt der erste Entwurf keine „Surrogationsvorschrift“, da hier die Regeln über die Gemeinschaft Anwendung finden sollten (§ 2151 E I). In der zweiten Kommission wurde sodann vorgeschlagen, eine der Surrogation bei der Nacherbschaft (§ 1825 E I) ähnliche Bestimmung zu treffen, wählte jedoch im § 1915 E II die jetzige Form (§ 2041 BGB), da die Rechtslage ähnlich sei wie beim Gesamtgut nach Beendigung der Gütergemeinschaft (§ 1372 E II, § 1473 a. F. BGB).

Dabei ging die Gegenseite, die den Eintritt der Surrogation von dem Erwerb mit Mitteln des Nachlasses abhängig machen wollte, näher auf den Unterschied zwischen den beiden „Surrogationsformen“ ein:

„Das Gesamtgut werde im Stadium der Auseinandersetzung nach § 1371 von beiden Ehegatten gemeinschaftlich verwaltet. Es könne sich hierbei nur darum handeln, inwieweit ein gemachter Erwerb Gesammtgut werde. Die Frage beantworte sich ganz einfach dahin, daß jeder Erwerb, der durch ein auf das Gesammtgut sich beziehendes Rechtsgeschäft gemacht werde, zum Gesammtgute gezogen werde. Bei der Erbschaft sei auch der Fall in Betracht zu ziehen, daß ein Erbschaftsbesitzer etwas aus den Mitteln der Erbschaft erwerbe. Es handele sich in diesem Falle darum, daß ein Erwerb, den eine nicht zur Gemeinschaft gehörende Person gemacht habe, so behandelt werde, wie wenn er von der Gemeinschaft gemacht worden wäre.“[45]

Diese Ausführungen bedürfen einer näheren Erklärung:

Das Gesamtgut hat nicht die Rechtsnatur eines Sondervermögens, sondern bildet im Gegensatz zum Vorbehaltsgut das allgemeine Vermögen der Ehegatten. Jeder Erwerb der Ehegatten fällt grundsätzlich in das Gesamtgut[46] und nur ausnahmsweise in das Vorbehaltsgut. Daher gilt auch nur für das letztere die „Surrogation“. Erst mit Beendigung des ehegüterrechtlichen Verhältnisses wird auch das Gesamtgut zu einem Sondervermögen, und zwar bis zur Auseinandersetzung ein eigenes Sondervermögen der Ehegatten (Gesamthandsvermögen). Was also die Ehegatten nach Beendigung des Güterstandes bis zur Auseinandersetzung erwerben, wird Eigenvermögen; Gesamtgut wird nur noch, was auf Grund eines zum Gesamtgut gehörenden Rechtes oder als Ersatz für die Zerstörung, Beschädigung oder Entziehung eines zum Gesamtgut gehörenden Gegenstandes oder durch Rechtsgeschäft erworben wird, das sich auf das Gesamtgut bezieht (§ 1473 a. F. BGB).

---

[45] Prot. V, S. 867.

[46] Vgl. § 1416 I 2 BGB (§ 1438 I 2 a. F. BGB).

Die zitierte Stelle aus den Protokollen läßt den Schluß zu, daß die „Surrogationsform“, die einen Erwerb durch ein auf das betreffende Vermögen bezügliches Rechtsgeschäft voraussetzt, lediglich festlegen soll, inwieweit ein gemachter Erwerb in das allgemeine Vermögen oder ein Sondervermögen desselben Eigentümers gerechnet werden soll, selbst wenn er – wie im Beispiel der Protokolle – an dem Sondervermögen nur als Gesamthandseigentümer beteiligt ist.

Dort dagegen, wo mittels Surrogation ein Eigentumsübergang erst herbeigeführt werden soll, knüpfte man den Eintritt der Surrogation an die Voraussetzung, daß der Verwalter eines fremden Vermögens einen Erwerb mit Mitteln des verwalteten Vermögens gemacht hat.[47]

Damit entsprechen diese beiden Ausdrucksformen den beiden erwähnten Arten der Sondervermögen: eigene und fremde Sondervermögen, allerdings mit der Besonderheit, daß der Gesetzgeber die Gesamthandsvermögen nicht als fremde, sondern als eigene Sondervermögen behandelt.

Die Differenzierung zwischen eigenen und fremden Sondervermögen hinsichtlich der „Surrogationsform“ ist, jedenfalls sofern es um Sondervermögen

---

[47] Mit Mitteln eines Sondervermögens ist also dasjenige erworben, was als Gegenleistung gegen die Hingabe eines Gegenstandes aus diesem erlangt ist. In Anlehnung an den Begriff der Mittel in § 37 a. F. KO (sodann § 45 KO, der durch die Entscheidung des BVerfG vom 24. 7. 1968, BGBl. I, S. 994, für nichtig erklärt worden ist) wird auch für das BGB die Ansicht vertreten, daß der in den §§ 1381 a. F., 1646, 2019, 2111 BGB wiederkehrende Ausdruck „mit Mitteln“ in wirtschaftlichem Sinne zu verstehen sei (Feist, S. 34 ff.; Raasch, S. 52 f.; Thiele, S. 16 ff.). Hiernach sind Mittel eines Vermögens nicht nur solche Gegenstände, welche juristisch dem Vermögensinhaber gehören, sei es, daß es sich um das Eigentum an Sachen oder um die Innehabung von Forderungen handelt, sondern auch solche Gegenstände, die bloß wirtschaftlich zu diesem gehören, die ihm gebühren, wie z. B. eine gekaufte, aber noch nicht zu Eigentum übertragene Sache, oder eine gefundene, in das Eigentum des Finders nach § 973 BGB noch nicht übergegangene Sache.

Die Meinungsverschiedenheit auf dem Gebiet des BGB liegt darin begründet, daß die Motive zum Entwurf einer Konkursordnung (Hahn IV, S. 179) von wirtschaftlichen Gesichtspunkten ausgehen, während die Motive zum E I BGB ausdrücklich eine Definition dessen, was unter dem Ausdruck „mit Mitteln“ zu verstehen sei, ablehnen, vielmehr darauf „vertrauen“, daß „Wissenschaft und Praxis den dem § 37 KO zugrundeliegenden Gedanken richtig erfassen und die Schwierigkeiten, welche er bietet, überwinden werden“ (Motive IV, S. 131; vgl. auch Prot. IV, S. 112 ff.; Prot. VI, S. 802 ff.). Der dem § 37 a. F. KO zugrundeliegende Gedanke ist der, daß Vermögensverschiebungen zugunsten der Ehefrau im Interesse der Gläubiger verhindert werden sollen; es soll also die Substanz des eingebrachten Vermögens in ihrer Integrität bewahrt werden, während z. B. § 2019 BGB, der ebenfalls das mit Mitteln des Nachlasses Erworbene surrogieren läßt, den Erben im Konkurs des Erbschaftsbesitzers sichern und verhindern will, daß sich der Erbschaftsanspruch in eine Anzahl persönlicher Ansprüche auflöst (Prot. V, S. 713; Prot. VI, S. 325). Dem § 2019 BGB liegt folglich der Gedanke zugrunde, die Substanz der Erbschaft in ihrem rechtlichen Zusammenhang zu erhalten. Demnach sind unter Mitteln eines Sondervermögens des BGB nur diejenigen Gegenstände zu verstehen, welche rechtlich dem Subjekt des Vermögens gehören (so auch Windmüller, S. 82 ff.; Beyer, S. 125 f.).

geht, die entweder als eigene Sondervermögen im Alleineigentum des Verwalters selbst bzw. als fremde Sondervermögen in der Verwaltung eines Nichteigentümers stehen, zunächst auch durchaus sachgerecht:

a) Denn wenn eine Person neben ihrem allgemeinen Vermögen ein Sondervermögen als alleiniger Eigentümer innehat (§§ 1418 II Nr. 3, 1486 II, 1638 II, 2374 BGB),[48] kann in Bezug auf die Frage, nach welchen Gesichtspunkten ein von ihr gemachter Erwerb dem Sondervermögen zugeordnet werden soll, nicht entscheidend sein, ob der Erwerb mit Mitteln des Sondervermögens getätigt ist. Es würde nämlich eine schwerlich zu rechtfertigende Knebelung der Verfügungsgewalt des Eigentümers bedeuten, könnte er doch – selbst wenn er wollte – mit Mitteln des insoweit durch dingliche Surrogation geschützten Vermögens keinen Erwerb auf Rechnung seines sonstigen Vermögens machen, da dieser Erwerb zwangsläufig immer wieder dem Vermögen zufallen würde, aus dem er herrührt.

Man vergegenwärtige sich nur nochmals den Fall, daß jemand mit Mitteln seines Vorbehaltsgutes ein Inventar für ein zum Gesamtgut gehörendes Grundstück anschafft; obschon der Erwerb sowohl objektiv durch den Verwendungszweck als auch subjektiv durch den deutlichen Willen des Eigentümers mit einem bestimmten Vermögen in enge Beziehung gebracht ist, wäre er trotzdem dem anderen zuzuteilen, nur weil er aus dessen Mitteln herrührt.

In all diesen Fällen tritt also die vom Eigentümer gewollte Beziehung als subjektives Moment mitentscheidend in den Vordergrund; nicht genügend ist es – auch wenn der Erwerb mit Mitteln des betreffenden Vermögens getätigt ist – daß eine lediglich objektive Beziehung zu dem Vermögen besteht.[49]

Keineswegs kann damit der Meinung zugestimmt werden, die bei der Beziehungsklausel – ohne Rücksicht darauf, ob ein Erwerb seiner Art oder seinem Verwendungszweck nach eine Beziehung zum betreffenden Sondervermögen aufweist oder ob der Erwerber den Erwerb zu dem Sondervermögen beabsichtigte oder umgekehrt ausschließen wollte – das rein objektive Kriterium des Erwerbs mit Mitteln des Sondervermögens ausreichen läßt, um einen Erwerb in dieses herbeizuführen.[50] Vielmehr muß der Erwerber den Willen haben, für

---

[48] Ebenso §§ 1370 a. F., 1440 a. F., 1486 a. F., 1526 I a. F., 1524 I a. F., 1554 a. F., 1651 a. F. BGB.

[49] Staudinger / W. Thiele / B. Thiele, § 1418, Rdnr. 43, 48; RGRK-Finke, § 1418, Rdnr. 17; Soergel / Gaul, § 1418, Rdnr. 13; MünchKomm-Kanzleiter, § 1418, Rdnr. 11; Lange / Kuchinke, S. 722; Thiele, S. 13; Windmüller, S. 13; Schmitt, S. 12; Feist, S. 21 f.; Holldack, S. 587, 590 f.; Meyer, S. 54 f.; Siber, S. 160 ff.; Spindler, S. 101 f.; Consmüller, S. 19; Roskothen, S. 2955, von Tuhr I, S. 335; RGZ 72, 165 (167); RGZ 92, 139 (141); RG Leipz. Zeitschr. 1922, S. 649; KG JW 1937, S. 2199 Nr. 13; KG DR 1944, S. 190; OGHZ 2, 226 (230 f.); LG Koblenz DNotZ 1950, S. 65.

[50] So aber Staudinger / Werner, § 2041, Rdnr. 6; Soergel / Wolf, § 2041, Rdnr. 6; MünchKomm-Dütz, § 2041, Rdnr. 22; RGRK-Kregel, § 2041, Rdnr. 3; Erman / Schlü-

das Sondervermögen abzuschließen, und außerdem muß sich das Rechtsgeschäft auch sachlich mit dem Sondervermögen in Zusammenhang bringen lassen.

b) Anders zu beurteilen dagegen sind die Fallgestaltungen, bei denen das Vermögen als Vermögenseinheit in die Verfügungsgewalt eines anderen gelangt ist (§§ 1646, 2019, 2031 BGB).[51] Auch die Vorerbschaft gehört hierher: Sie ist zwar formell ein eigenes Sondervermögen,[52] da der Vorerbe Erbe ist; allerdings sind seine Rechte derart beschränkt,[53] daß er materiell eher einem Verwalter fremden Vermögens gleichsteht. Daher hat das Gesetz (§ 2111 BGB) die Surrogation auch wie bei einem fremden Sondervermögen geregelt.

In all diesen Fällen geht es zunächst darum, Schutzbestimmungen zu treffen, um einer Verminderung des fremden Vermögens in der Verwaltung des Nichteigentümers vorzubeugen. Der Gesetzgeber hielt es hierbei für erforderlich, das Vermögen jedenfalls insoweit zu schützen, als es direkt in seiner Substanz angegriffen und vermindert wird. Er ließ daher ein objektives Merkmal entscheiden, nämlich den Erwerb unter Verwendung von Mitteln des betreffenden Gutes.[54] Damit wird ein unmittelbarer Ausgleich für erlittene Einbußen weitgehend sichergestellt. Die dingliche Surrogation in Form der Mittelklausel sei deshalb notwendig, bemerken die Protokolle zum Erbschaftsanspruch (§ 1893 E II), „weil sie allein den Erben im Konkurs des Erbschaftsbesitzers sichere und weil sie verhindere, daß der Erbschaftsanspruch sich in eine Anzahl persönlicher Ansprüche auflöse; sie sei auch unschädlich, da dritte Personen, die durch Surrogation der Erbschaft zugefallene Gegenstände vom Erbschaftsbesitzer erworben haben, durch die Vorschriften über den Erwerb in gutem Glauben genügend geschützt seien."[55]

Dem Vermögen darüberhinaus auch das zuzusprechen, was ohne Einsatz von Mitteln desselben durch ein darauf bezügliches Rechtsgeschäft erworben werde, hielt man unter dem Gesichtspunkt der Bestandserhaltung nicht für notwendig.

---

ter, § 2041, Rdnr. 2; Palandt / Edenhofer, § 2041, Anm. 2; Staudinger / Ferid / Cieslar, § 2374, Rdnr. 19; Soergel / Damrau, § 2374, Rdnr. 3; RGRK-Kregel, § 2374, Rdnr. 5; Beyer, S. 222; Bockemühl, S. 137; Strauch, S. 131 ff.; Wolf, S. 714; Kipp / Coing, S. 628; OLG München NJW 1956, S. 1880; BGH NJW 1968, S. 1824.

[51] Vgl. auch § 1381 a. F. BGB.

[52] So auch oben S. 16.

[53] Vgl. für den nichtbefreiten Vorerben §§ 2113 – 2115 BGB; bei der befreiten Vorerbschaft (§ 2136 BGB) kommt eine Befreiung nicht in Betracht von §§ 2113 II, 2115, 2121, 2122, 2111 BGB.

[54] In §§ 1646, 1381 a. F. BGB enthält die Mittelklausel jedoch einen subjektiven Vorbehalt; vgl. hierzu unten S. 106.

[55] Prot. V, S. 713.

c) Nicht näher eingegangen sind wir bisher auf die Fälle, in denen mehrere Personen neben ihrem allgemeinen Vermögen ein Sondervermögen gemeinsam als Gesamthandsvermögen innehaben. Wie wir gesehen haben, hat der Gesetzgeber – obwohl hier ein Eigentumsübergang auf die Gesamthand herbeigeführt werden soll[56] – auch diese Sondervermögen als eigene Sondervermögen behandelt und dementsprechend die Beziehungsklausel angeordnet (§§ 1473 I, 1497 II, 2041 BGB).[57] Schon aus diesem Grund wäre es vernünftiger gewesen, diese den Regeln zu unterstellen, wie sie für fremde Sondervermögen gelten. Eine solche Regelung hätte sich auch deswegen angeboten, weil eben nicht nur ein Alleineigentümer vorhanden ist, der nach eigenem Gutdünken mit seinem Vermögen schalten und walten kann, sondern mehrere Gesamthänder, von denen jeder die Mitberechtigung des bzw. der anderen anerkennen und achten muß. Daher wäre es durchaus angemessener gewesen, wenn man derartige Vermögen, die sich in der Hand mehrerer Eigentümer befinden, wie fremde Sondervermögen behandelt hätte.

Jedenfalls wäre dann, zumal nach hier vertretener Ansicht die Beziehungsklausel die Mittelklausel nicht umfaßt, wenigstens der Bestand solcher Vermögen durch dingliche Surrogation gesichert.

Aus der unglücklichen gesetzlichen Gleichstellung der Sondervermögen, an denen mehrere Personen als Gesamthänder berechtigt sind, mit denjenigen, die sich in der Verwaltung des alleinigen Eigentümers befinden, erklärt sich auch die auffällige unterschiedliche Interpretation der Beziehungsklausel z. B. bei § 1418 II Nr. 3 BGB einerseits und § 2041 BGB andererseits. So gehen die meisten Großkommentare zum BGB davon aus, daß hinsichtlich der Beziehungsklausel in § 1418 BGB das Rechtsgeschäft auch beim Erwerb mit Mitteln des Vorbehaltsgutes subjektiv in Zusammenhang mit diesem vorgenommen sein müsse,[58] während sie jedoch demgegenüber bei § 2041 BGB die Herkunft der Erwerbsmittel aus dem Nachlaß für ausreichend halten, um einen Erwerb in diesen herbeizuführen.[59]

Es ist daher zwar durchaus verständlich, wenn man teilweise beim Erwerb mit Mitteln eines Gesamthandsvermögens den Willen des Handelnden, nicht für das Sondervermögen erwerben zu wollen, unberücksichtigt lassen möchte. Diese Auffassung versucht jedoch nur, die bessere Regelung (Mittelklausel)

---

[56] Siehe oben S. 18.

[57] Ebenso §§ 1473 a. F., 1546 a. F., 1549 a. F. BGB.

[58] So z. B. Staudinger / W. Thiele / B. Thiele, § 1418, Rdnr. 43, 48; RGRK-Finke, § 1418, Rdnr. 17; Soergel / Gaul, § 1418; Rdnr. 13; MünchKomm-Kanzleiter, § 1418, Rdnr. 11.

[59] Staudinger / Werner, § 2041, Rdnr. 6; RGRK-Kregel, § 2041, Rdnr. 3 (allerdings insoweit einschränkend, als ein Erwerb mit Mitteln des Nachlasses „in der Regel" unabhängig von der Willensrichtung des Erwerbers in den Nachlaß falle); Soergel / Wolf, § 2041, Rdnr. 6; MünchKomm-Dütz, § 2041, Rdnr. 22.

der insoweit schlechteren (Beziehungsklausel) zu unterschieben; mit dem Willen des Gesetzes läßt sich dies allerdings kaum vereinbaren.[60]

Indessen kann man aber bezüglich der Beziehungsklausel bei Herkunft der Mittel aus dem Sondervermögen bis zum Beweis des Gegenteils davon ausgehen, daß sich das Rechtsgeschäft auf das Sondervermögen bezieht; desweiteren wird man auch an diesen Beweis hohe Anforderungen stellen dürfen;[61] steht jedoch der Wille, nicht in das Sondervermögen erwerben zu wollen, fest, so darf er nicht außer Betracht bleiben.[62]

4. Auswertung der Entstehungsgeschichte

Bei aller gegenüber Gesetzgebungsmaterialien gebotenen Vorsicht hat die Untersuchung der Entstehungsgeschichte der „Surrogationsvorschriften" des BGB – und hierbei vor allem die des Familien- und Erbrechts – gezeigt:

Entweder es besitzt jemand neben seinem allgemeinen Vermögen ein eigenes Sondervermögen; dann ist das Rechtssubjekt beider Vermögen dasselbe, und es ist Aufgabe der Beziehungsklausel, eindeutig festzulegen, ob ein gemachter Erwerb in diese oder jene Vermögensmasse desselben Rechtssubjekts falle.[63] Sie dient damit weniger dazu, die betreffende Vermögensmasse unverkürzt zu erhalten, sondern sie soll vielmehr dem Vermögensinhaber eine ordnungsgemäße Verwaltung ermöglichen,[64] welche nicht gewährleistet wäre, wenn es unzulässig wäre, Rechtsgeschäfte abzuschließen, welche durch ihre Beziehung auf ein Vermögen einen direkten Erwerb für dasselbe begründen. Als eigene Sondervermögen behandelt das BGB auch solche Vermögen, an denen jemand lediglich als einer von mehreren Gesamthändern beteiligt ist.[65]

Besitzt aber eine Person neben ihrem allgemeinen Vermögen ein fremdes Sondervermögen, sind also die Rechtssubjekte der beiden Vermögen verschiedene Personen, so bestimmt die Mittelklausel die dingliche Rechtslage des Surrogates unabhängig von den allgemeinen Regeln und weist einen Erwerb unmittelbar dem Vermögen zu, aus dem die hierzu verwendeten Mittel stammen.[66] Sie verfolgt damit das Ziel, das Vermögen, das sich in der Hand eines anderen befindet, unverkürzt zu erhalten; sie will verhindern, daß sich das

---

[60] Lange / Kuchinke, S. 722.

[61] Lange / Kuchinke, S. 722.

[62] Die subjektive Beziehung kann sich sowohl aus einer ausdrücklichen Erklärung als auch aus den Umständen ergeben; der Erwerbende braucht seine Absicht, für das Sondervermögen zu handeln, auch nicht etwa dem Geschäftspartner gegenüber zu erklären; vgl. nur Staudinger / W. Thiele / B. Thiele, § 1418, Rdnr. 44.

[63] §§ 1418 II Nr. 3; 1486 II, 1638 II, 2374 BGB.

[64] Thiele, S. 13 ff.; Kohler, Vermögen, S. 8 ff.

[65] §§ 1473 I, 1497 II, 2041 BGB.

[66] §§ 2019, 2031, 2111 BGB; § 1646 BGB mit subjektivem Vorbehalt.

Eigentum an dem Vermögen, soweit es durch den Inhaber vermindert wird, in bloße Ersatzansprüche gegen diesen verwandelt; insbesondere soll sie darüberhinaus dem Eigentümer im Konkurs des anderen einen Aussonderungsanspruch begründen.[67, 68]

Anknüpfend an diese Differenzierung und den Surrogationsbegriff der Gesetzesmaterialien hat man ausgeführt, das „Surrogationsprinzip" erscheine im BGB in zwei verschiedenen Formen mit unterschiedlicher Bedeutung. Auch sei der Umfang der „Surrogation" in beiden Fällen ein prinzipiell verschiedener: In dem einen Fall „surrogiere" immer das, was mit den Mitteln eines Vermögens erworben sei, in den anderem Fall handele es sich um jeden Erwerb durch ein auf das betreffende Vermögen bezügliches Rechtsgeschäft.

Die genannte Lehre legt deswegen der „Surrogation" in den beiden Fällen einen verschiedenen Umfang bei, weil sie den Surrogationsbegriff erheblich weiterfaßt, als er der vorliegenden Arbeit zugrundeliegt;[69] sie bezeichnet sowohl den Erwerb mit Mitteln eines Vermögens als auch jeden Erwerb durch ein auf das Vermögen bezügliches Rechtsgeschäft mit „Surrogation".

Nach der hier vertretenen Auffassung ist jedoch der Erwerb auf Grund eines auf ein Vermögen bezüglichen Rechtsgeschäfts kein Surrogationserwerb. Denn wie wir gesehen haben, ergibt sich die Beziehung eines Rechtsgeschäfts auf ein Vermögen, wie sie z. B. § 1418 II Nr. 3 BGB oder § 2041 BGB fordert, eben nicht schon daraus, daß Mittel des betreffenden Vermögens aufgeopfert wurden, sondern im Gegensatz zu dem Fall des § 2019 BGB oder § 2111 BGB aus der Absicht, einen Erwerb für das betreffende Vermögen zu machen; das Rechtsgeschäft muß aber objektiv mit dem Vermögen in Zusammenhang gebracht werden können. In den einen Fällen ist also ein objektives

---

67 Prot. V, S. 713; siehe oben S. 101.

68 Zum Teil wird die Auffassung vertreten, Zweck der dinglichen Surrogation sei es auch, gewisse Sondervermögen gerade als Haftungsmasse für bestimmte Gläubiger zu erhalten (siehe vor allem Wolf, S. 711). Dieses „Surrogationsprinzip der Erhaltung der Haftungsmasse" liege insbesondere allen erbrechtlichen Surrogationsvorschriften zugunsten der Nachlaßgläubiger zugrunde und deswegen sei auch die Beziehungsklausel in § 2041 BGB dahingehend zu verstehen, daß sie die Mittelklausel der §§ 2019, 2111 mitumfasse, so daß sich diese Vorschriften insoweit deckten (Wolf, S. 711; siehe auch MünchKomm-Dütz, § 2041, Rdnr. 24 m. w. N. in Fn. 44). Zwar hat die dingliche Surrogation in den §§ 2019, 2111 BGB, indem sie die Substanz des Nachlasses sichert, daneben auch die Wirkung, daß dieser dadurch weiterhin den Nachlaßgläubigern zur Befriedigung zur Verfügung steht; dies ist insoweit jedoch nur ein (erwünschter) Nebeneffekt der Surrogation. Im Vordergrund steht jedoch – und das ergibt sich eindeutig aus Prot. V, S. 713 – die Erhaltung des Nachlasses zugunsten des bzw. der Erben. Im übrigen legt schon die systematische Stellung von § 2041 die Annahme nahe, daß diese Vorschrift sich ausschließlich auf die internen Rechtsverhältnisse zwischen den Miterben bezieht, nicht dagegen auch oder sogar „in erster Linie" (so aber KG JW 1937, S. 2200) das Schutzinteresse der Nachlaßgläubiger im Auge habe (siehe auch Brox, S. 323: Schutz nur der Miterben).

69 Siehe oben S. 15f.

Merkmal maßgebend, während in dem anderen zudem ein subjektiver Vorgang in Frage steht. Die angeführte Lehre spricht deshalb von „objektiver" und „subjektiver Surrogation". Ist aber auch die subjektive Absicht des Erwerbers maßgebend, mangelt es also an dem Erfordernis des Ersatzes eines ausgeschiedenen Vermögensgegenstandes durch einen anderen, so handelt es sich um Bewidmung, nicht dagegen um Surrogation.

Wenn somit das BGB zum einen von dem Erwerb mit Mitteln eines Vermögens, zum anderen neben dem Surrogationserwerb kraft Gesetzes (der Erwerb auf Grund eines zu dem betreffenden Vermögen gehörenden Rechts oder der Ersatzerwerb für die Zerstörung, Beschädigung oder Entziehung eines Vermögensgegenstandes ist Surrogation) von dem Erwerb durch ein auf das betreffende Vermögen bezügliches Rechtsgeschäft spricht, so handelt es sich nicht um zwei Formen des „Surrogationsprinzips" mit verschiedenem Umfang, sondern um zwei verschiedene Fälle, von welchem sich der eine als Surrogation, der andere jedoch als Surrogation und Bewidmung darstellt.

Die von der geschilderten Lehre gefundenen „Surrogationsprinzipien" des BGB handeln also tatsächlich nicht nur von Surrogation. Sie lassen sich aber als Prinzipien des BGB über Vermögenshaltung (Vermögenserhaltung und Vermögensverwaltung) aufrechterhalten.

Danach hat das BGB die Vermögenshaltung bei eigenen und fremden Sondervermögen dergestalt geregelt, daß bei eigenen Sondervermögen Surrogation und Bewidmung gilt (neben der gesetzlichen Surrogation gehört alles das zu dem Sondervermögen, was durch ein auf dieses bezügliche Rechtsgeschäft erworben ist), während bei fremden Sondervermögen Surrogation stattfindet nach dem Satz, daß aller Erwerb mit Mitteln des Sondervermögens zu diesem gehört.

Allerdings darf dort, wo das Gesetz die Surrogation nur hinsichtlich des vom Inhaber durch Rechtsgeschäft mit Mitteln des Sondervermögens gemachten Erwerbs hervorhebt, deswegen noch nicht auf eine Beschränkung der Geltung der Surrogation auf diese Fälle geschlossen werden.

Vielmehr kann hier davon ausgegangen werden, daß die gesetzliche Surrogation *maiore ad minus* in der rechtsgeschäftlichen Surrogation enthalten ist.[70]

---

[70] Das Problem stellt sich bei § 2019 BGB. Dieser enthält gerade nicht die bei nahezu allen Sondervermögen vorgesehene „regelmäßige" oder „einfache" Surrogationsklausel, wonach auch dasjenige zu dem jeweiligen Sondervermögen gehört, was auf Grund eines hierzu gehörenden Rechtes oder als Ersatz für Beschädigung, Zerstörung oder Entziehung eines dazu gehörigen Gegenstandes erworben wird. Daß diese Regelung auch für den Erbschaftsanspruch gilt, ist jedoch allgemein anerkannt (vgl. Prot. V, S. 711; Strohal II, S. 392; RGRK-Kregel, § 2019, Rdnr. 3; Soergel / Dieckmann, § 2019, Rdnr. 6; Kipp / Coing, S. 600). Umstritten ist allerdings die Begründung. Einige folgern aus der Anordnung der Mittelsurrogation die Anwendung der einfachen Surrogation als des Minderen (vgl. Strohal II, S. 392; Staudinger / Lehmann (11. Aufl.), § 2019, Rdnr. 6, 8), andere wollen eine Gesamtanalogie zu §§ 718 II, 1418 II

Damit lassen sich die genannten Grundsätze nunmehr wie folgt fassen:

Bei eigenen Sondervermögen gilt gesetzliche Surrogation und Bewidmung, bei fremden Sondervermögen gesetzliche und rechtsgeschäftliche Surrogation.

Es sind und bleiben jedoch nur Grundsätze, die der Gesetzgeber mehrfach durch die besonderen Zwecke des in Frage stehenden Sondervermögens modifiziert hat.

Z. B. findet einerseits beim Gesellschaftsvermögen und dem Vermögen des nicht rechtsfähigen Vereins zwar gesetzliche Surrogation statt (§§ 718 II, 54 BGB); die Anordnung der Beziehungsklausel erübrigte sich aber infolge der besonderen Regelung des Gesellschaftserwerbes durch die Geschäftsführung (§ 718 I BGB).[71]

Andererseits fällt auf, daß die Regel, bei einem fremden Sondervermögen falle jeder Erwerb mit Mitteln desselben wiederum in dieses, zum Teil ebenfalls nur in abweichender Form begegnet. So ist gerade der Wille des verwaltenden Nichteigentümers nicht überall unberücksichtigt geblieben (z. B. § 1646 BGB).[72] Der in diesen Fällen herbeigeführte Schutz des betreffenden Sondervermögens ist hier nur ein relativer, denn das Vermögen ist dem Verwalter gegenüber in seinem Bestand nicht gesichert, wenn dieser Mittel des Vermögens zum Zweck des Erwerbs für ein anderes Vermögen verwendet. Im Zweifel jedoch gilt der Erwerb als für Rechnung des verwalteten Vermögens erfolgt.[73] Bei anderen Vorschriften ist dieses subjektive Moment – die Rücksichtnahme auf den Willen des Verwalters – ausgeschlossen (§ 2019 BGB und § 2111 BGB).

Der Gesetzgeber hat wohl mit diesen Differenzierungen den Umfang der Surrogation den besonderen Zwecken des in Frage stehenden Sondervermögens und der verschiedenartigen Stellung des Verwalters zu dem verwalteten Sondervermögen und dem nichtverwalteten Berechtigten anpassen wollen.

So neigt das Gesetz dazu, in den Fällen, wo der Inhaber des Vermögens zur Verwaltung berechtigt ist (z. B. § 1646 BGB) die Surrogation zu lockern, indem auf den Willen des Verwalters abgestellt wird, ob ein Erwerb mit Mitteln des Vermögens diesem zufällt.

Offenbar ging der Gesetzgeber davon aus, daß hier eher von einer ordnungsgemäßen Verwaltung ausgegangen werden kann als dort, wo sich ein Vermögenskomplex in der Hand eines unberechtigten Inhabers befindet.

Nr. 3, 1473, 1638 II, 2041, 2111 I BGB ziehen (vgl. Staudinger / Gursky, § 2019, Rdnr. 13; Wolf, S. 713; MünchKomm-Jülicher, § 2019, Rdnr. 4).

[71] Allerdings wird von manchen (so z. B. Wolf, S. 714) – entgegen der h. M. (vgl. MünchKomm-Ulmer, § 718, Rdnr. 10) – für § 718 I BGB kein Handeln namens der Gesellschaft gefordert und damit praktisch Beziehungserwerb hergestellt.

[72] Ebenso § 1381 a. F. BGB.

[73] Vgl. MünchKomm-Hinz, § 1646, Rdnr. 10.

Daher kommt es z. B. im Verhältnis des Erben zum Erbschaftsbesitzer zunächst darauf an, die Erbschaft durch einen möglichst umfassenden Schutz in ihrem Bestand oder wenigstens dem Werte nach zu erhalten. Dieses Ziel kann jedoch nur erreicht werden, wenn die Zuordnung eines Erwerbs zur Erbschaft allein durch die Erwerbsmittel bestimmt und der Wille des Verwalters außer Acht gelassen wird.

Diese weitergehende Differenzierung zwischen Vermögen, deren Inhaber zur Verwaltung berechtigt ist, und Vermögen, deren Inhaber nicht zur Verwaltung berechtigt ist, dergestalt, daß im ersten Fall der Wille des Verwalters Berücksichtigung findet, im zweiten jedoch nicht, ist allerdings wenig sinnvoll und folgerichtig. In jedem Fall geht es um die Erhaltung des entsprechenden Vermögens: die Ersatzansprüche, die dem Berechtigten gegen den Verwalter im ersten Fall bei pflichtwidrigem Handeln für eigene oder dritte Rechnung zustehen, können jedenfalls nicht die genügende Sicherheit bieten. Der Gesetzgeber hätte daher besser daran getan, auch bei diesen fremdverwalteten Vermögen hinsichtlich eines Erwerbs mit Mitteln desselben den Willen des Verwalters völlig beiseite zu lassen.

Schließlich bleibt darüberhinaus hervorzuheben, daß der Gesetzgeber die dingliche Surrogation nicht bei allen fremden Sondervermögen vorgesehen hat. So enthält beispielsweise das Vormundschaftsrecht keine Surrogationsregelung. In den Protokollen ist dies damit begründet, daß eine Surrogation auf diesem Gebiet überflüssig sei, da „abgesehen davon, daß für eine große Reihe von Geschäften des Vormundes die obervormundschaftliche Genehmigung oder die Zustimmung des Gegenvormunds nothwendig sei, . . . bei der vormundschaftlichen Verwaltung auch der Nachweis des Übertragungsaktes durch die fortlaufende Kontrolle des Gerichts . . . sehr erleichtert" sei.[74]

Im Erbrecht etwa hielt man bei Nachlaßverwalter, Nachlaßkonkursverwalter und Nachlaßpfleger eine Surrogationsvorschrift deshalb nicht für erforderlich, „weil diese Personen amtlich ernannt und überwacht werden und damit Gewähr für ordnungsmäßiges Handeln bieten."[75] Mag man dieser Argumentation noch folgen können, so muß man allerdings andererseits beim Testamentsvollstrecker, der ja vom Erblasser ernannt und nicht vom Nachlaßgericht überwacht wird, eine Surrogationsanordnung geradezu vermissen.

Diese kritischen Anmerkungen[76] zeigen bereits, daß die Behandlung der Surrogation im BGB letztlich kaum als ideal bezeichnet werden kann. Immerhin ist zu bedenken, daß die Surrogation als eine bei allen fremden Sondervermögen gültige Regelung vom Gesetz nicht aufgenommen worden ist, weshalb – zumindest nach weitverbreiteter Auffassung – die einzelnen

---

[74] Prot. IV, S. 572.

[75] Lange / Kuchinke, S. 724.

[76] Siehe auch die Kritik S. 102f.

Surrogationsvorschriften streng auszulegen seien und daher namentlich eine analoge Ausdehnung auf ähnliche Rechtslagen erschwerten, wenn nicht gar unmöglich machten.

Zwar war in der zweiten Kommission bei der Beratung der Surrogation für die Erbengemeinschaft beantragt worden, die dem § 2041 BGB entsprechende Vorschrift[77] zu streichen, „da mit Rücksicht auf die Ausbildung des Surrogationsprinzips in zweiter Lesung eine Sonderbestimmung entbehrlich erscheine".[78] Der Streichungsantrag wurde jedoch von der Abstimmung zurückgezogen. Immerhin war damit bereits in der zweiten Kommission die Überlegung aufgetaucht, das „Surrogationsprinzip" so allgemein zu gestalten, daß eine Sonderbestimmung für die einzelnen Anwendungsfälle überflüssig werde.

Offensichtlich war jedoch die Rechtsentwicklung noch nicht soweit fortgeschritten, daß das „Surrogationsprinzip" als allgemeine Regelung angenommen worden wäre.

---

[77] Siehe auch oben S. 98.

[78] Prot. V, S. 867.

§ 12 Das geltende Recht und seine Fortbildung

I. Das Problem der analogen Anwendung der Surrogationsklauseln

Die Frage der Zulässigkeit einer analogen Anwendung der Surrogationsklauseln (einschließlich der Beziehungsklausel) ist so alt wie das BGB selbst und nicht nur einer der umstrittensten Punkte, sondern gegenwärtig wohl sogar das wichtigste Problem der Surrogation überhaupt.[1]

Es ist bereits angedeutet worden: Literatur und Rechtsprechung halten sich bei der Bildung von Analogien weitgehend zurück.

Im Schriftum lehnen die meisten Stimmen jede Analogie überhaupt ab;[2] nur wenige neigen einer rechtsähnlichen Anwendung der Surrogation auf andere Sondervermögen zu.[3]

Auch die Rechtsprechung – namentlich das Reichsgericht – hat, von wenigen Ausnahmen abgesehen, in einer Reihe von Entscheidungen eine analoge Anwendung der Surrogation ausdrücklich abgelehnt.[4]

1. Die Bedenken gegen die Zulässigkeit einer Analogie

Überwiegend wird gegen eine analoge Anwendung der Surrogationsvorschriften ins Felde geführt, die Surrogation sei eine wirtschaftliche Ausnahmebestimmung, die nur aus Zweckmäßigkeitsgründen vom Gesetz vorgesehen

---

[1] Erörtert wird die Möglichkeit der analogen Anwendbarkeit der dinglichen Surrogation aber nicht nur bei Sondervermögen, sondern ebenso bei Einzelrechtsverhältnissen. So wird z. B. diskutiert, ob eine Erlössurrogation in Analogie zu § 1287 BGB bei einem vertraglichen oder gesetzlichen Pfandrecht an einem Anwartschaftsrecht eintrete. Desweiteren wird eine analoge Anwendung des § 1247 S. 2 BGB bei der Sicherungsübereignung und auf das Verhältnis zwischen Vorausabtretung beim verlängerten Eigentumsvorhalt und der Globalzession erwogen. Schließlich und endlich wird eine Analogie zu § 1046 I und § 1127 I BGB bei Schadensersatzforderungen bejaht, nicht zuletzt um damit das Problem der Aufteilung der Schadensersatzforderung zwischen Eigentümer und dinglich Berechtigtem zu lösen. Auf diese Fragen kann jedoch im Rahmen unserer Untersuchung nicht näher eingegangen werden. Es sei insoweit verwiesen auf Wolf, S. 33 ff., der sich näher mit den angesprochenen Problemen auseinandersetzt.

[2] Vgl. etwa Spindler, S. 102 f.; Sauter, S. 35; siehe auch Strauch, S. 197.

[3] Vgl. etwa Ernst, S. 54; Wolf, S. 714 ff.; siehe auch Strauch, S. 197.

[4] Vgl. RG HRR 1928, Nr. 1592; RGZ 136, 353 (357); RGZ 152, 349 (353); RGZ 153, 366 (370); BGHZ 6, 1 (2); BGHZ 30, 149 (152); BGHZ 33, 66 (71 ff.); siehe hierzu auch Strauch, S. 188.

sei.[5] Eine analoge Anwendung der Surrogationsvorschriften bedeute eine Verkennung der dinglichen Ersetzung überhaupt. Sei auch der Zweck der Surrogation vor allem die Entwicklung und Erhaltung von Sondervermögen, so bedeute sie doch in jedem Fall, der gesetzlich geregelt sei, eine Ausnahmebestimmung, ja oftmals eine Durchbrechung der allgemeinen Rechtsgrundsätze. Schon im Interesse der Rechtssicherheit sei es daher nicht ratsam, eine Ausnahmebestimmung ausdehnend oder analog bei anderen Vermögen anzuwenden.[6] Da die Surrogation die allgemeinen Rechtserwerbsvorschriften durchbreche, könne die Anwendung dieser allgemeinen Regeln nur durch eine ausdrückliche gesetzliche Bestimmung ausgeschlossen werden.[7]

2. Kritik

Die Argumentation, eine auf Zweckmäßigkeitsgründen beruhende Ausnahmevorschrift dulde keine ausdehnende Auslegung, vermag bei näherer Betrachtung nicht zu überzeugen. Mit Recht weist *Coing* darauf hin, daß die Auffassung, eine auf bestimmten teleologischen Erwägungen beruhende Spezialnorm sei in allen Fällen strikt zu interpretieren, methodisch verfehlt und unbegründet sei.[8] Auch hier ist mit den üblichen Auslegungsmitteln nach dem Sinn der Bestimmung und der Möglichkeit einer zweckentsprechenden Interpretation zu suchen.[9] Ebenso untreffend ist die Ansicht, die allgemeinen Gesetzesregeln könnten nur durch ausdrückliche „Gegennormen" aufgehoben werden.[10]

Immer ist nämlich in diesen Fällen zu prüfen, worauf das Ausnahmeverhältnis beruht. Wenn dem Regel-Ausnahme-Verhältnis lediglich formale Natur zukommt, mithin die Ausnahmebestimmung einen besonderen, von der Norm abweichenden beachtlichen Zweck verfolgt, so kann dieses formale Ausnahmeverhältnis die Zulässigkeit einer Analogie jedenfalls in den Fällen, in denen derselbe Zweck verfolgt wird, nicht ausschließen.[11]

Bezüglich der Surrogation bei Sondervermögen handelt es sich jedoch gerade um ein solches formales Ausnahmeverhältnis, denn Surrogation sowie Bewidmung stellen gegenüber den allgemeinen Vorschriften über die Rechtszuordnung (§§ 398 ff., 873 ff., 929 ff. BGB) nur in formaler Hinsicht Ausnahmeregeln dar. Letztere enthalten das maßgebliche Prinzip, daß ausschließlich

5 Vgl. Strauch, S. 186.
6 Sauter, S. 35.
7 Spindler, S. 103.
8 Kipp / Coing, S. 294.
9 Bockemühl, S. 138 f.
10 Bockemühl, S. 157.
11 Bockemühl, S. 157.

der Wille der Parteien zum bestimmenden Faktor beim Rechtserwerb erhoben wird.

Dieses allgemeine Prinzip kann die Rechtslage bei Sondervermögen nicht zur Zufriedenheit lösen und wird deshalb durch die Anordnung von Surrogation bzw. Bewidmung durchbrochen.[12]

Bei der Surrogation, wie sie uns bei den fremdverwalteten Sondervermögen begegnet, tritt der Parteiwille zurück: der Rechtserwerb richtet sich nach der objektiven Voraussetzung, ob Gegenstände eines bestimmten Sondervermögens verwendet worden sind.

Auch in den Fällen der Bewidmung, die wir bei den eigenverwalteten Sondervermögen finden, ist dem Parteiwillen eine Schranke gesetzt: auch hier entspricht nur eine objektiv gebundene Regelung der Interessenlage bei diesen Sondervermögen.

Zwar hat nun eine dieser Interessenlage entsprechende allgemeine Regelung über die Rechtszuordnung bei Sondervermögen in das BGB keine Aufnahme gefunden. Dennoch stellen wegen des eigenständigen Charakters der Sondervermögen die Anordnung von Surrogation einerseits und Bewidmung andererseits – je nachdem, ob es sich um fremd- oder eigenverwaltete Sondervermögen handelt – die der Interessenlage entsprechende normative Regel dar.

Demgegenüber würde die Anwendung der allgemeinen Regeln auf Sondervermögen, auch in den Fällen, in denen Surrogations- bzw. Bewidmungsbestimmungen fehlen, zwar formal dem Regeltatbestand entsprechen, materiell allerdings eine Ausnahme darstellen.

Daneben hält auch das Argument, das Interesse der Rechtssicherheit im Rechtsverkehr schließe eine Analogie aus, einer kritischen Überprüfung nicht stand. Schließlich wird das Interesse der Rechtssicherheit auch in den Fällen berührt, in denen eine Surrogation verwirklicht ist. Bereits damit ist jedoch grundsätzlich anerkannt, daß es Fälle gibt, in denen das Interesse der Rechtssicherheit hinter anderen Interessen zurücktreten muß. Folglich spricht somit der Hinweis auf die Rechtssicherheit ebenfalls nicht gegen die grundsätzliche Zulässigkeit einer Analogie, mag er auch Anlaß bieten, bei der Anwendung einer Analogie das Interesse des Rechtsverkehrs gebührend zu beachten und jedenfalls die Interessenlage im Vergleich zu den gesetzlich geregelten Bestimmungen auch unter diesem Gesichtspunkt zu beleuchten.[13]

Damit kann festgehalten werden, daß eine analoge Anwendung der im Gesetz statuierten Surrogationsbestimmungen weder aus formellen noch aus sonstigen Gründen ausgeschlossen ist.

---

[12] Bockemühl, S. 158.

[13] Bockemühl, S. 159.

Desweiteren hatten wir festgestellt, daß die Vermögenshaltung im BGB in einer zweifachen Ausprägung Ausdruck gefunden hat, nämlich als Grundsatz der Vermögenserhaltung bei fremden Sondervermögen in Gestalt der Mittelklausel und als Grundsatz der Vermögensverwaltung bei eigenen Sondervermögen in Gestalt der Beziehungsklausel, die jeweils beide wiederum mit der regelmäßigen Klausel verbunden sind. An dieser Differenzierung wird sich die Beantwortung der Frage, welche der beiden Formeln in den im folgenden zu betrachtenden Fällen rechtsentsprechende Anwendung finden kann, zunächst zu orientieren haben.

II. Ausgewählte Einzelfälle

Diskutiert wird die Frage nach der Notwendigkeit einer Analogie zu den gesetzlich geregelten Fällen der Surrogation vor allem bei der Erbschaft in der Verwaltung des Testamentsvollstreckers bzw. in der Hand des Nachlaßverwalters, bei der Konkursmasse unter der Verwaltungszuständigkeit des Konkursverwalters und bei Treuhandvermögen.

1. Testamentsvollstrecker

Gemäß § 2205 BGB hat der Testamentsvollstrecker den Nachlaß zu verwalten und ist insbesondere berechtigt, den Nachlaß in Besitz zu nehmen und über Nachlaßgegenstände zu verfügen. Hinsichtlich der Frage, ob der Testamentsvollstrecker mit unmittelbarer Wirkung für den Erben mit Nachlaßmitteln erworbene Gegenstände dem Nachlaß einverleiben und zugleich seiner Sonderbehandlung unterwerfen kann, ist der Fall unproblematisch, in der die Regeln der Stellvertretung Anwendung finden können, der Testamentsvollstrecker also in fremdem Namen – als Testamentsvollstrecker eines oder mehrerer Erben – auftritt. Hier ist ein unmittelbarer Erwerb in den Nachlaß ohne weiteres zu bejahen.[14]

Fraglich ist jedoch, ob und wieweit im Interesse der Erhaltung des vom Testamentsvollstrecker verwalteten Nachlasses eine dingliche Surrogation Platz greifen kann, somit ein Erwerb unmittelbar dem Erben anfällt und der Beschränkung und Sonderbehandlung des übrigen Nachlasses unterliegt, wenn der Testamentsvollstrecker nicht als Stellvertreter, sondern im eigenen Namen auftritt.

Eine ausdrückliche Surrogationsvorschrift, wie sie das Gesetz etwa bei § 2019 oder § 2111 BGB vorgesehen hat, besteht bei der Testamentsvollstreckung nicht.

---

[14] Siebert, Testamentsvollstrecker, S. 576; Strauch, S. 219.

Obwohl die Rechtsprechung weitgehend eine rechtsähnliche Anwendung mit der Argumentation verwirft, daß die Surrogation die allgemeinen Rechtsvorschriften durchbreche und als Ausnahmevorschrift eng auszulegen sei, hat das Reichsgericht gerade im Falle der Testamentsvollstreckung eine entsprechende Anwendung des § 2041 BGB zugelassen:

„Die Vorschrift des § 2041 enthält einen Anwendungsfall des Grundsatzes der sog. dinglichen Surrogation, der für die verschiedenen familienrechtlichen Sondervermögen sowie für den Nachlaß anerkannt ist, soweit es seiner Sonderung vom Eigenvermögen des Erben oder des Erbschaftsbesitzers bedarf. Dieser Grundsatz besagt, daß Sondervermögen alles das wird, was auf Grund eines zum Sondervermögen gehörenden Rechts oder als Ersatz für die Zerstörung, Beschädigung oder Entziehung eines zum Sondervermögen gehörenden Gegenstandes oder durch ein Rechtsgeschäft erworben wird, das sich auf das Sondervermögen bezieht (§§ 1370, 1440, 1473, 1486, 1497, 1524, 1526, 1546, 1550, 1554, 1638, 1651, 2041, 2111 BGB.), oder auch das, was mit den Mitteln des Sondervermögens erworben wird (§§ 1381, 1646, 2019, 2111 das.). Um ein Sondervermögen handelt es sich beim Nachlaß während der Dauer des Bestehens der Erbengemeinschaft. Ein solches bildet der Nachlaß aber auch, solange er der Verwaltung des Testamentsvollstreckers unterliegt, gleichviel ob er einer Mehrheit von Erben oder einem Alleinerben zusteht. Die Anwendung des § 2041 auf den durch einen Testamentsvollstrecker verwalteten Nachlaß ist daher zulässig und geboten."[15]

Allerdings beziehen sich diese Ausführungen nur auf einen Ersatzanspruch, der dem oder den Erben nach § 2219 BGB gegen einen früheren Testamentsvollstrecker zusteht. Dieser gehöre grundsätzlich zum Nachlaß; er könne daher nach § 2212 BGB nur von dem neuen Testamentsvollstrecker geltend gemacht werden. Nur dann, wenn nicht der Nachlaß als solcher, sondern nur ein einzelner Miterbe geschädigt sei – etwa durch Benachteiligung bei der Auseinandersetzung –, solle der Ersatzanspruch nicht zum Nachlaß gehören und von dem geschädigten Miterben geltend gemacht werden können.[16]

Das Urteil setzt sich dagegen nicht auseinander mit § 2218 BGB, der den § 667 BGB für entsprechend anwendbar erklärt. Es ist daher zu prüfen, ob nicht § 667 BGB eine Surrogation ausschließt, denn nach allgemeiner Auffassung zu § 667 BGB soll hinsichtlich der durch die Geschäftsführung erlangten Gegenstände darauf abzustellen sein, ob der Beauftragte im Namen des Auftraggebers oder im eigenen Namen aufgetreten ist. Sei letzteres der Fall, so soll er den Gegenstand selbst zu vollem Recht erwerben und nach § 667 BGB zur Rechtsübertragung verpflichtet sein.[17]

[15] RGZ 138, 132 (134).

[16] RGZ 138, 132 (134); ebenso etwa Staudinger / Reimann, § 2219, Rdnr. 12; Soergel / Damrau, § 2219, Rdnr. 2; BGH LM § 2219 Nr. 4.

[17] Siehe nur Staudinger / Wittmann, § 667, Rdnr. 7; Soergel / Mühl, § 667, Rdnr. 5; MünchKomm-Seiler, § 667, Rdnr. 10.

Für die Testamentsvollstreckung gilt es jedoch zu beachten: Wird dem Testamentsvollstrecker auch heute nicht mehr der Nachlaß zu Treuhandeigentum übertragen, so erlangt er doch durch die ihm eingeräumte Verfügungsbefugnis über den Nachlaß eine Rechtsstellung, die es rechtfertigt, auch bei der Testamentsvollstreckung trotz fehlender gesetzlicher Regelung eine Anwendung von Surrogationsvorschriften für zulässig zu erachten.[18]

Der Testamentsvollstrecker wäre dann, da er infolge Surrogation nicht Rechtsinhaber werden kann, gemäß § 2218 i. V. m. § 667 BGB nur noch zur Besitzübertragung an den bzw. die Erben verpflichtet. Im übrigen läßt die herrschende Meinung[19] ein antizipiertes Besitzkonstitut oder eine Vorausabtretung zugunsten des Auftraggebers auch im Rahmen des § 667 BGB durchaus zu; hieraus folgert *Strauch*[20] zu Recht, daß auch eine dingliche Surrogation, die dieses Ergebnis auf weit einfachere Weise herbeiführe, nicht ausgeschlossen sein könne.

Allerdings sollte eine Analogie bezüglich des rechtsgeschäftlichen Erwerbs nicht der Vorschrift des § 2041 BGB entnommen werden,[21] die es in die Hand des Testamentsvollstreckers legt, in welches Vermögen er erwerben will, sondern – da es sich beim Nachlaß in der Verwaltung eines Testamentsvollstreckers um ein fremdes Sondervermögen handelt – aus der Mittelsurrogation der §§ 2019, 2111 BGB[22] und auch dann gelten, wenn Miterben Träger des Nachlasses sind.[23]

Für die Anwendung der Beziehungsklausel im Sinne des § 2041 BGB besteht im übrigen deswegen kein Bedürfnis, weil es sich beim Nachlaß nicht um ein „werbendes Vermögen" handelt,[24] sondern vielmehr lediglich die möglichste Erhaltung des Vermögensbestandes im Vordergrund steht und zudem die Testamentsvollstreckung ihrem ganzen Zweck nach auf eine abwickelnde Tätigkeit beschränkt ist.[25]

---

[18] So auch Wolf, S. 715; Strauch, S. 221; Siebert, Testamentsvollstrecker, S. 576; Bockemühl, S. 161 f.; Staudinger / Reimann, § 2205, Rdnr. 10; Soergel / Damrau, § 2205, Rdnr. 10.

[19] Siehe nur Soergel / Mühl, § 667, Rdnr. 5.

[20] Strauch, S. 221. Die Habilitationsschrift von Strauch stellt im übrigen die umfangreichste Untersuchung der letzten Jahre zur dinglichen Surrogation im geltenden Recht dar. Er sieht das Prinzip der dinglichen Surrogation (in der Terminologie Strauchs: „mehrheitlicher Rechtsersatz") in der Mitberechtigung mehrerer Personen an einem Gegenstand. Die Surrogation diene dazu, dieses Gemeinschaftsverhältnis an dem surrogierten Gegenstand fortzusetzen. Allerdings ist das Surrogationsmodell Strauchs als zu weit und mit dem Gesetz nicht vereinbar völlig zu Recht einmütig abgelehnt worden, vgl. nur die Kritik bei Wolf, S. 646 sowie bei Lopau, S. 419 f.

[21] So aber etwa Soergel / Damrau, § 2205, Rdnr. 10.

[22] Im Ergebnis ebenso Lange / Kuchinke, S. 724; Wolf, S. 715; Bockemühl, S. 165 f.

[23] Lange / Kuchinke, S. 724.

[24] Wolf, S. 711.

[25] Siebert, Testamtentsvollstrecker, S. 576.

Wenn aber damit im Ergebnis schon die Anwendung der Mittelklausel zu bejahen ist, dann bestehen letztlich auch keine Bedenken, die „regelmäßige Surrogationsklausel“ in eine Analogie miteinzubeziehen.[26]

2. Nachlaßverwalter

Nichts anderes kann für die Nachlaßverwaltung (§§ 1981 ff. BGB) gelten; hier wird man wegen der ähnlichen Interessenlage eine entsprechende Regelung wie bei der Testamentsvollstreckung befürworten müssen.[27]

3. Konkursverwalter

Das Charakteristische an der Rechtsstellung des Konkursverwalters liegt darin, daß seine Tätigkeit „mehrseitig fremdbestimmt“ ist: Als Verwalter fremden Vermögens hat er zwar auch die Interessen des Vermögensträgers (des Gemeinschuldners) wahrzunehmen, jedoch mündet diese Verwaltung in eine Liquidation, die nicht im Interesse des Gemeinschuldners, sondern gerade zugunsten seiner Gläubiger erfolgt; im Vordergrund steht somit der „Liquidations- und Befriedigungszweck“ des Konkurses.[28]

Allgemein ist anerkannt, daß Schadensersatzansprüche für die Entziehung, Beschädigung oder Zerstörung eines zur Konkursmasse gehörenden Gegenstandes in die Konkursmasse fallen; dies entspricht der Ersatzklausel.[29] Insoweit wird also der Grundsatz, daß die nach der Konkurseröffnung entstehenden Vermögensrechte nicht zur Konkursmasse gehören, durch die dingliche Surrogation eingeschränkt.[30] Darüber hinaus soll aber auch in die Masse fallen, „was der Konkursverwalter für die Masse erwirbt“,[31] m. a. W. ein Erwerb durch Rechtsgeschäft mit Mitteln der Masse gehört nur dann zu dieser, wenn der Verwalter für diese erwerben will.[32] Dann liegt aber, weil insoweit gerade der Wille auf den Erwerb gerichtet ist, keine Surrogation, sondern Bewidmung vor. Dieser Auffassung kann nicht zugestimmt werden. Ebenso wie

[26] Wolf, S. 715; Siebert, Testamentsvollstrecker, S. 576.

[27] Wolf, S. 715; Bockemühl, S. 162. Zu anderen gesetzlichen Verwaltern (Vormund, Pfleger) vgl. Wolf, S. 712; Strauch, S. 218, 220. Auch hier besteht das Bedürfnis für eine dingliche Surrogation.

[28] Baur / Stürner, S. 416.

[29] Baur / Stürner, S. 438; Wolf, S. 711; Jaeger / Lent, § 1 KO, Rdnr. 60.

[30] Wolf, S. 711.

[31] Baur / Stürner, S. 438.

[32] Jaeger, S. 92 (Fn. 24): „Daß alles Masse werde, was irgendwer rechtsgeschäftlich mit Mitteln der Masse erwirbt, kann freilich aus der Konkurslage allein nicht gefolgert werden. Selbst die rechtsgeschäftlichen Anschaffungen des Verwalters fließen, wenngleich er sie mit Massegeldern bestreitet, nur dann der Masse zu, wenn er für deren Rechnung und nicht etwa für sich persönlich oder für einen Dritten erwerben will.“ Siehe auch Jaeger / Lent, § 1 KO, Rdnr. 60.

beim Nachlaß in der Hand des Testamentsvollstreckers handelt es sich bei der Konkursmasse um ein fremdverwaltetes, nicht werbendes Sondervermögen. Da den Konkursgläubigern ohnehin nur die überschuldete Konkursmasse zur Befriedigung zur Verfügung steht und deshalb einer ordnungsgemäßen Liquidation und Befriedigung vorrangiges Interesse zukommt, muß auch die Konkursmasse in ihrem Bestand möglichst umfassend gesichert werden. Dieses Ergebnis läßt sich jedoch nur erreichen, wenn man die dingliche Surrogation sowohl in der Form der regelmäßigen Klausel als auch der Mittelklausel analog auf die Konkursmasse anwendet.[33]

4. Verwaltungstreuhand

Über die bisher geschilderten Fälle hinaus soll schließlich desweiteren geprüft werden, ob die bei den gesetzlich geregelten Sondervermögen vorgesehenen Surrogationsnormen auch bei Treuhandverhältnissen Anwendung finden können. Die Frage stellt sich vor allem bei den Vermögen der Verwaltungstreuhand und ist insbesondere bei der *fiducia*, der in der Praxis bedeutendsten Spielart immer wieder erörtert worden.[34]

Zum einen nämlich käme wegen der „Uneigennützigkeit" der Verwaltungstreuhand eine dingliche Surrogation in erster Linie dem Treugeber als dem „wirtschaftlichen Eigentümer" zugute,[35] zum anderen ergibt sich gerade bei der *fiducia* eine augenfällige Parallele zum Sondervermögen der Erbschaft in der Hand des Vorerben,[36] bei der das Gesetz in § 2111 BGB eine ausdrückliche Surrogationsanordnung getroffen hat.

Charakteristisch für die *fiducia*[37] ist eine Vollrechtsübertragung mit innerer schuldrechtlicher Zweckbindung.[38] Der Treugeber (Fiduziant) verschafft hierbei dem Treuhänder (Fiduziar) eine dem Treuzweck überschießende Rechtsmacht. Bei der fiduziarischen Verwaltungstreuhand übt der Treuhänder, der vom Treugeber Vermögensrechte erworben hat, diese zwar im eigenen Namen aus, aber nicht, oder wenigstens nicht überwiegend, im eigenen Interesse. Mit gültiger Rechtsübertragung wird der Treuhänder nach außen vollberechtigter Eigentümer der übertragenen Sachen bzw. Inhaber der abgetretenen Forderungen etc.; im Innenverhältnis ist er allerdings insoweit schuldrechtlich gebunden, als er das Eigentum bzw. die Inhaberschaft nur abrede-

---

[33] Im Ergebnis ebenso Wolf, S. 711.

[34] Vgl. nur Wolf, S. 716; Strauch, S. 223 m. w. N.

[35] Wolf, S. 716.

[36] Coing, S. 86.

[37] Allgemein zur Treuhand und ihren Erscheinungsformen siehe nur Soergel / Mühl, Einleitung zum Sachenrecht, Rdnr. 44 ff.

[38] Im Konkurs und in der Zwangsvollstreckung wird jedoch der lediglich obligatorische Wirkungsbereich der Treuhandabrede durchbrochen, vgl. dazu unten S. 117.

gemäß im Interesse des Treugebers ausüben darf und nach Zweckerledigung zur Rückübertragung verpflichtet ist. Verfügt der Treuhänder abredewidrig über die ihm übertragenen Rechte, so sind Dritten gegenüber diese Verfügungen immer ohne Einschränkung wirksam, da er ja Vollrechtsinhaber ist; der Treugeber ist in dieser Situation lediglich auf einen schuldrechtlichen Ersatzanspruch beschränkt.[39]

Für die Treugutsbegründungsmöglichkeit hat die Rechtsprechung unter Billigung der herrschenden Lehre als Voraussetzung bei der fiduziarischen Treuhand das sog. „Unmittelbarkeitsprinzip" aufgestellt.[40] Nach diesem Grundsatz muß das zu treuen Händen übertragene Gut unmittelbar aus dem Vermögen des Treugebers in die Rechtssphäre des Treuhänders gelangt sein, um als echtes Treugut zu gelten. Bei einem solchen Rechtsübergang ist der Treugeber trotz seines nur obligatorischen Anspruchs gegen den Treuhänder auf Rückübertragung nach Zweckerledigung vor dem Zugriff der Gläubiger des Treuhänders in das Treugut gesichert, denn er kann deren Befriedigung aus den Treugutsgegenständen verhindern. Befindet sich das Treugut in Gewahrsam des Treuhänders, so kann der Treugeber im Konkurs des Treuhänders das Treugut gemäß § 43 KO aussondern bzw. bei Einzelvollstreckung gemäß § 711 ZPO die Drittwiderspruchsklage erheben.[41] Begründet wird diese Billigkeitsentscheidung damit, daß das Treugut zwar formelles, juristisches Eigentum des Fiduziars sei, daß es aber materiell, wirtschaftlich zum Vermögen des Fiduzianten gehöre.[42]

Nun erfährt das Treugut oftmals durch Umwandlungsgeschäfte – gleichgültig ob erlaubt oder nicht – Veränderungen: Ein Treugutsgegenstand scheidet aus dem Treugutsverband aus, und der Treuhänder erhält dafür einen anderen Gegenstand, oder er erwirbt mit Mitteln des Treuguts einen neuen Gegen-

---

[39] Eine weitergehende Sicherung kann sich der Treugeber nur durch die Vereinbarung einer auflösenden Bedingung verschaffen, indem er den Rückfall der übertragenen Rechte *ipso iure* nach Zweckerledigung ausmacht. Durch eine solche Vereinbarung behält der Treugeber ein dingliches Anwartschaftsrecht und ist damit gegen pflichtwidrige Verfügungen des Treuhänders und gegen Gläubigerzugriff im Rahmen des § 161 BGB geschützt. Die Vereinbarung einer auflösenden Bedingung kann jedoch nicht als regelmäßig vorhanden angesehen werden, sondern nur dort, wo eine solche Abmachung ausdrücklich festgelegt wurde; das ist in der Praxis jedenfalls höchst selten der Fall. Vgl. hierzu Liebich / Mathews, S. 164 f.

[40] Grundlegend RGZ 84, 214 (217); hierzu Liebich / Mathews, S. 22; Coing, S. 176.

[41] Siehe nur Coing, S. 177; Lieblich / Mathews, S. 22 ff.

[42] Siehe nur Liebich / Mathews, S. 23. Nicht beantwortet wird damit allerdings die Frage, wie die rechtliche Beurteilung der Haftungslage von einem wirtschaftlichen Kriterium abhängig sein kann, das der rechtlichen Zuordnung widerspricht. Manche sprechen daher von einer Verdinglichung der Rechtsposition des Treugebers (vgl. etwa Soergel / Mühl, Einleitung zum Sachenrecht, Rdnr. 49: „quasi-dingliche Wirkung"). Am sinnvollsten wäre es, für die Zukunft das Treuhandeigentum dogmatisch neu zu bestimmen und es als „Sondereigentum", als „relatives Eigentum, geprägt von den kausalen Rechtsbeziehungen der Parteien" zu begreifen (so zu Recht Asmus, S. 330).

stand bzw. er erhält einen Gegenstand auf Grund eines Ersatzanspruchs, der sich auf das Treugut bezieht.

Diese mannigfachen Umwandlungsmöglichkeiten lassen die Frage zu, ob eine Treugutsbegründungsmöglichkeit mittels dinglicher Surrogation stattfinden kann, so daß generell für einen aus dem Treugutsverband ausscheidenden Gegenstand ein neuer Gegenstand in die Treugutsphäre einzutreten vermag, und zwar mit dem Sicherungscharakter des ursprünglichen Gegenstandes für den Treugeber. Die praktische Bedeutung einer Treugutsbegründung kraft Surrogation läge darin, daß die Surrogate die quasidingliche Rechtsstellung der unmittelbaren Treugutsgegenstände *ipso iure* erhielten und dadurch dem Treugeber bei einem Zugriff der Gläubiger des Treuhänders die Abwehrmöglichkeiten aus § 771 ZPO bzw. § 43 KO zustünden. Die Annahme, daß eine dingliche Surrogation nicht eintreten könne, würde demgegenüber zu einem Ausschluß der Abwehrmöglichkeiten des Treugebers führen, denn die quasidingliche Rechtsbeziehung wäre dann bei den Ersatzgegenständen nicht gegeben. Im Interesse der Billigkeit – und für die wahren Verhältnisse auch dienlicher – wäre es wünschenswert, daß der Treugeber auch bei den Ersatzgegenständen die gleiche Rechtsstellung behält, die er an den ursprünglichen Treugutsgegenständen besessen hat.

In strenger Durchführung des Unmittelbarkeitsprinzips gelangt jedoch die herrschende Meinung weitgehend zu einem „Surrogationsverbot“[43]: Durch Erwerb von einem Dritten werde selbst dann kein fiduziarisches Treuhandverhältnis begründet, wenn der Treuhänder diesen Erwerb aus Mitteln des Treuguts bestreitet. Kraft dinglicher Surrogation soll lediglich dasjenige zum Treugut gehören, was auf Grund eines zum Treugut gehörenden Rechts oder als Ersatz für zerstörte, beschädigte oder abhanden gekommene Treugutgegenstände erworben worden sei. Dies deswegen, weil ein solcher Umfang der Surrogation allen gesetzlich geregelten Sondervermögen gemeinsam sei und deshalb auch im Fall des Treuhandvermögens zugrunde gelegt werden dürfe.[44] Anders sei dies jedoch bei einer weitergehenden Surrogation. Eine entsprechende Anwendung dieser schon positiv-rechtlich selteneren Surrogationsfälle erscheine ausgeschlossen; eine solche Surrogation müsse stets vom Gesetzgeber im Einzelfall angeordnet sein.[45] Im übrigen sei bereits zweifelhaft, ob man das Treugut bei einem fiduziarischen Treuhandverhältnis überhaupt schon als Sondervermögen betrachten könne.[46]

Der herrschenden Meinung kann nicht gefolgt werden.

---

[43] Liebich / Mathews, S. 22.

[44] Siebert, Treuhand, S. 185.

[45] Siebert, Treuhand, S. 186.

[46] Siebert, Treuhand, S. 185; Wolf, S. 716.

Das Treugut ist ein Komplex von Vermögensgegenständen, der vom Privatvermögen des Treuhänders weitgehend unterschieden werden kann und deshalb als Sondervermögen anzusehen ist.[47] Einerseits nämlich ist der Treuhänder regelmäßig verpflichtet, das Treugut von seinem Privatvermögen verwaltungsmäßig zu trennen, andererseits haftet das Treugut nicht für Eigenverbindlichkeiten des Treuhänders, da es im Konkurs und in der Zwangsvollstreckung dem Zugriff seiner Privatgläubiger durch Aussonderung oder Drittwiderspruchsklage entzogen werden kann. Der Treuhänder hat demnach zwei Vermögensmassen inne, die ihm formell in gleicher Weise zugeordnet sind; in der Verfügung und Verwendung der einen, dem persönlichen Vermögen, ist er frei, bei der anderen, dem Sondervermögen, besteht eine bestimmte Bindung an Interessen, die – jedenfalls bei der Verwaltungstreuhand – nicht, oder doch nicht ausschließlich, die persönlichen Interessen des Treuhänders sind.

Dieser uneigennützige Charakter der Verwaltungstreuhand spricht nun gerade dafür, das Treugut nicht als eigenes Sondervermögen, sondern wie ein fremdes Sondervermögen zu behandeln. Die Rechtsstellung des Treuhänders gleicht insoweit der des Vorerben.[48] So ist der Vorerbe Rechtsträger der Erbschaft und seines persönlichen Vermögens, hinsichtlich der Erbschaft jedoch ist er zugunsten des Nacherben gebunden; sie ist Sondervermögen. Dementsprechend hat der Treuhänder sein persönliches Vermögen zu freier Verfügung; das Treugut aber hält er als Sondervermögen für bestimmte Zwecke inne, die über seine persönlichen Zwecke hinausgehen. Der Gesetzgeber hat aufgrund der zahlreichen Beschränkungen, denen der Vorerbe unterliegt, die Erbschaft in der Hand des Vorerben ebenfalls wie ein fremdes Sondervermögen behandelt und demzufolge in § 2111 BGB neben der regelmäßigen Klausel Surrogation in Form der Mittelklausel angeordnet.[49] Damit läge es nahe, diese Surrogationsvorschrift des BGB auch auf den nicht geregelten Fall des Treuhandvermögens entsprechend anzuwenden. Insbesondere vermögen nämlich die von der herrschenden Meinung für das Unmittelbarkeitsprinzip und das hieraus resultierende Surrogationsverbot ins Felde geführten Argumente nicht zu überzeugen.[50]

Zur Stützung des Unmittelbarkeitsprinzips ist darauf hingewiesen worden, daß es letztlich auf dem Publizitätsgrundsatz beruhe und damit vor allem eine Gefährdung der allgemeinen Verkehrssicherheit und Kreditsicherheit verhindere.[51]

---

[47] So auch Coing, S. 86; Liebich / Mathews, S. 17; Kötz, S. 137; dagegen vor allem Wolf, S. 716; zweifelnd Siebert, Treuhand, S. 185.

[48] Coing, S. 86.

[49] Siehe hierzu oben S. 101.

[50] Vgl. vor allem die Kritik am Unmittelbarkeitsprinzip bei Kötz, S. 132 ff.

[51] Siebert, Treuhand, S. 195.

Demgegenüber ist mit *Kötz* darauf hinzuweisen, daß dieser Gedankengang für unmittelbar aus dem Vermögen des Treugebers stammendes Treugut ebenso zutreffend ist wie für das von Dritten erlangte. Ist nämlich der Treuhänder als Eigentümer eines Grundstücks eingetragen, so ist der Publizitätstatbestand der gleiche, egal ob der Treuhänder das Grundstück direkt vom Treugeber oder etwa mit Mitteln des Treuguts erworben hat.[52] Hat der Treuhänder bewegliches Treugut von einem Dritten übereignet erhalten, so soll die Aussonderung zulässig sein, wenn nur das Vollrecht zunächst im Innenverhältnis auf den Treugeber und danach wieder zurück auf den Treuhänder übertragen worden ist.[53] Wird allerdings bei der ersten Übertragung auf den Treugeber die Besitzverschaffung durch antizipiertes Konstitut und bei der Rückübertragung auf den Treuhänder durch *brevi manu traditio* ersetzt, so bewegt sich das Treugut nicht von der Stelle. Obwohl hier nun gerade die publizitätserhebliche Tatsache, nämlich der Besitz des Treuhänders, unverändert bleibt, wird im Namen der Publizität eine Treugutaussonderung erst gestattet nach zwei dinglichen Einigungen, die nach außen keinerlei Publizität entfalten.[54]

Um nicht auf solche komplizierte Konstruktion zurückgreifen zu müssen, sollte man auf das ohnehin unberechtigte Unmittelbarkeitsprinzip völlig verzichten.[55]

Zwar hat mittlerweile die Rechtsprechung einige Lockerungen des Unmittelbarkeitsprinzips zugelassen;[56] in den entscheidenden Fällen verharrt man jedoch nach wie vor auf der altbekannten Position, daß der Surrogationserwerb eben nur in bestimmten Fällen gesetzlich vorgeschrieben, vom Gesetzgeber gewollt und daher nicht erweiterungsfähig sei.[57] Indes haben wir festgestellt, daß es durchaus zulässig ist, die dem BGB wohlbekannte Figur der dinglichen Surrogation in einem Fall entsprechend anzuwenden, in dem die Interessenlage dies dringend gebietet.[58] Für das Vermögen der Verwaltungstreuhand jedenfalls liegt eine Analogie zu § 2111 BGB geradezu auf der Hand.[59]

Immerhin hat sich mittlerweile auch der Gesetzgeber bereitgefunden, in einigen Spezialgesetzen eine dingliche Surrogation – und darüber hinaus sogar

---

[52] Kötz, S. 133.

[53] Siebert, Treuhand, S. 196.

[54] Kötz, S. 133.

[55] Kötz, S. 132; so auch Coing, S. 179, der das Unmittelbarkeitsprinzip durch den Grundsatz der Bestimmtheit ersetzen möchte: Aussondern kann der Treugeber nur, wenn die Identität des Treuguts eindeutig feststeht; ähnlich Liebich / Mathews, S. 474.

[56] Siehe nur Coing, S. 176 f.

[57] Nachweise zur Rechtsprechung bei Coing, S. 176 (Fn. 76); ebenfalls gegen Analogie Serick II, S. 85; Siebert, Treuhand, S. 186.

[58] Ebenso Kötz, S. 137.

[59] Kötz, S. 138, befürwortet eine Analogie zu § 2041 BGB.

Bewidmung – bei bestimmten Treuhandvermögen ausdrücklich vorzuschreiben.[60]

So enthält § 17 II 2 des Gesetzes zur Förderung des Bergarbeiterwohnungsbaues im Kohlenbergbau von 1951 folgende Bestimmung: „Zu dem Treuhandvermögen gehört auch, was die Treuhandstelle auf Grund eines zum Treuhandvermögen gehörenden Rechtes oder als Ersatz für die Zerstörung, Beschädigung oder Entziehung eines zum Treuhandvermögen gehörenden Gegenstandes oder mit Mitteln des Treuhandvermögens oder durch ein Rechtsgeschäft erwirbt, das sich auf das Treuhandvermögen bezieht."

Das KAGG von 1957 bestimmt in § 6 II: „Zum Sondervermögen gehört auch alles, was die Kapitalanlagegesellschaft (als Treuhänderin der Anleger bei der Treuhandlösung als Organisationsform) aufgrund eines zum Sondervermögen gehörenden Rechts oder durch ein Rechtsgeschäft erwirbt, das sich auf das Sondervermögen bezieht, oder was derjenige, dem das Sondervermögen zusteht, als Ersatz für ein zum Sondervermögen gehörenden Rechts erwirbt."

Schließlich bestimmt § 36 III 2 StBauFG von 1971: „Zu dem Treuhandvermögen gehört auch, was der Sanierungsträger mit Mitteln des Treuhandvermögens oder durch ein Rechtsgeschäft, das sich auf das Treuhandvermögen bezieht, oder aufgrund eines zum Treuhandvermögen gehörenden Rechts oder als Ersatz für die Zerstörung, Beschädigung oder Entziehung eines zum Treuhandvermögen gehörenden Gegenstandes erwirbt."

§ 12 b I b 2 II. WoBauG in der Neufassung von 1980 rechnet zu dem in treuhänderischer Verwaltung stehenden Zweckvermögen auch, „was der Bauträger mit Mitteln dieses Vermögens oder durch ein Rechtsgeschäft, das sich auf dieses Vermögen bezieht, oder aufgrund eines hierzu gehörenden Rechts oder als Ersatz für die Zerstörung, Beschädigung oder Entziehung eines zum Zweckvermögen gehörenden Gegenstandes erwirbt."

Dies zeigt, daß die dingliche Surrogation des Treuguts offensichtlich durchaus praktikabel ist; vor allem führt sie auch zu vernünftigeren und gerechteren Ergebnissen.

---

[60] Die folgenden Beispiele sind entnommen bei Liebich / Mathews, S. 24 f.

§ 13 Schlußbetrachtung

I. Rückblick

Der Weg, den die Entwicklung der dinglichen Surrogation bisher genommen hat, ist nunmehr weitgehend zu übersehen:

Ähnlich wie in anderen, vorwiegend altorientalischen Rechtsordnungen war vor allem im griechischen Recht beim Kauf mit fremden Geld die Sache ein Surrogat des Kaufgeldes: Wem das Kaufgeld gehörte, der erwarb auch die Sache, die damit an die Stelle des Geldes trat.

Läßt sich auch dieser griechische Surrogationsgedanke in den östlichen Provinzen des römischen Reiches bis zur byzantinischen Zeit nachweisen, so hat sich demgegenüber das römische Recht einer rechtsgeschäftlichen Surrogation, wie sie dem griechischen Recht eigen war, bis auf *Diokletian* widersetzt. Das klassische römische Recht kennt lediglich bei den von ihm ausgebildeten Sondervermögen, wie *dos, hereditas, peculium,* insoweit Surrogation, als aller Erwerb, der ohne vermittelndes Rechtsgeschäft auf Grund und an Stelle eines zu einem Sondervermögen gehörenden Rechts oder als Ersatz für die Zerstörung, Beschädigung oder Entziehung eines zu einem Sondervermögen gehörenden Rechts oder als Ersatz für die Zerstörung, Beschädigung oder Entziehung eines zu einem Sondervermögen gehörenden Gegenstandes gemacht wird, zu diesem Sondervermögen gehört. Erst durch Interpolationen und neue Gesetze fand der griechische Surrogationsgedanke bei den Vermögenseinheiten des römischen Rechts, wie z. B. der *hereditas* in der Hand des Erbschaftsbesitzers oder der *dos*, anklangsweise Eingang in die Kompilation *Justinians*. Von der Aufstellung eines Surrogationsprinzips bei den römischen Sondervermögen, etwa formuliert in dem Satz *„in universalibus pretium succedit in locum rei, res in locum pretii"*, kann jedoch keine Rede sein.

Vielmehr waren es die Kommentatoren, die das Wesen der nicht nur dem römischen, sondern auch in großer Zahl dem germanischen und mittelalterlichen Recht bekannten Begriffsganzen, der sogenannten *universitates rerum*, untersuchten, dabei die Erhaltung des Ganzen über den Wechsel seiner Teile hervorhoben und hiermit die Grundlagen schufen für die Sätze: *„in universalibus pretium succedit in locum rei, res in locum pretii"* sowie *„surrogatum sapit naturam eius, in cuius locum surrogatum est."*

Spätere Juristen, insbesondere die deutschen Romanisten des 16. bis 18. Jahrhunderts, setzten sich über diese allgemeinen rechtstheoretischen

Erkenntnisse hinweg und stempelten die genannten Umschreibungen zu Rechtsregeln. Zwei Arten der *universitates rerum* unterscheidend, nämlich die *universitates facti* und die *universitates iuris*, behaupteten sie, die *„pretium succedit"*-Regel sei gerade eine Eigentümlichkeit der *universitates iuris*. Hierbei verstand man im Gegensatz zur *universitas facti*, dem rein faktischen Begriff der Sachgesamtheit, unter *universitas iuris* eine Rechtsgesamtheit, die nicht nur wirtschaftlich als Einheit erscheine, sondern zugleich auch rechtlich als Einheit behandelt werde. Bis zu Beginn des 19. Jahrhunderts erblickten Literatur und Rechtsprechung geradezu einmütig vor allem in D. 5, 3, 22 die Formulierung des Surrogationsprinzips für den Fall der *hereditas* und in D. 5, 3, 20, 10 die Verallgemeinerung dieses Prinzips für alle *universitates iuris*.

Eine kritischere Epoche, die Romanistik des letzten Jahrhunderts, die das Pandektenrecht auf seine Quellenmäßigkeit überprüfte, mußte erkennen, daß das auf die *„pretium succedit"*-Formel begründete Surrogationsprinzip in den Quellen nicht einmal bei der *hereditas* in vollem Umfang begründet sei, geschweige denn als Rechtsregel von allgemeiner Bedeutung auf jede *universitas iuris* ausgedehnt werden dürfe. Dennoch mußte man zugestehen, daß der allgemeine Gedanke, welcher der Anwendung des Satzes *„in universalibus pretium succedit etc."* zugrunde lag, richtig sei; es sei nämlich unbestreitbar, daß ein Vermögensganzes nur dann fortbestehen könne, wenn es vom Wechsel seiner Bestandteile unabhängig sei.

Genau wie das gemeine Recht des vergangenen Jahrhunderts kannte auch der Gesetzgeber des BGB einen absoluten Begriff der Vermögenseinheit nicht. Somit konnte auch nach seiner Vorstellung das der Erhaltung einer Vermögenseinheit dienende „Surrogationsprinzip" seinem Umfang nach nicht absolut, für alle Vermögensinbegriffe gleichermaßen gültig, sondern nur relativ sein. Je größer jedoch bei einem Sondervermögen das Bedürfnis nach einer Bestands- und Substanzerhaltung sei, um so umfangreicher mußte das „Surrogationsprinzip" durchgeführt werden.

Wie die Pandektistik des vergangenen Jahrhunderts stand jedoch zunächst auch der erste Entwurf des BGB einer rechtsgeschäftlichen Surrogation bei Sondervermögen im Sinne eines *„pretium succedit in locum rei, res in locum pretii"* noch feindlich gegenüber. In Anknüpfung an die späte gemeinrechtliche Lehre zum *peculium* sollte vielmehr in den Fällen, in denen man besondere Regelungen für notwendig hielt, wiederum Sondervermögen werden, was auf Grund eines zu dem betreffenden Vermögen gehörenden Rechts oder als Ersatz für die Zerstörung, Beschädigung oder Entziehung eines zu dem Vermögen gehörenden Gegenstandes (gesetzliche Surrogation in Form der sogenannten „regelmäßigen Klausel") oder aber durch Rechtsgeschäft, das sich auf das betreffende Vermögen bezieht (sogenannte „Beziehungsklausel"), erworben werde. Wie sich allerdings den Gesetzgebungsmaterialien entnehmen läßt, ergibt sich zum einen die Beziehung eines Rechtsgeschäfts auf ein Vermögen nicht schon daraus, daß Mittel dieses Vermögens aufgeopfert wurden, sondern neben einem objektiven Zusammenhang muß gerade auch die Absicht des Handelnden gegeben sein, einen Erwerb für dieses Vermögen zu machen; dann handelt es sich jedoch um Bewidmung, nicht um Surrogation. Zum anderen sollte – im Gegensatz zu den Sondervermögen, die sich in der Hand des Eigentümers selbst befinden, bei denen somit der Erwerber ohnehin von vornherein feststeht (eigene Sondervermögen) und es nur darum geht, welchem Vermögen der Erwerb zuzuteilen ist – entsprechend den bei der für die *hereditas* in der Hand des Erbschaftsbesitzers geltenden Grundsätzen bei den Sondervermögen, die nicht vom Eigentümer, sondern von einer anderen Person verwaltet werden (fremde Sondervermögen), mit einem sich hierauf beziehenden rechtsgeschäftlichen Erwerb gerade kein Eigentumsübergang, sondern lediglich eine obligatorische Zuordnung zu dem betreffenden Vermögen gegeben sein. Eine solche Regelung mußte in der Tat als äußerst unbefriedigend empfunden werden, bedürfen doch gerade fremde Sondervermögen, die sich eben nicht in der Verwaltung des eigentlich Berechtigten befinden, eines besonderen Bestandschutzes.

Im Interesse einer solchen Substanzerhaltung und zum Schutz des Eigentümers hat sich daher der zweite Entwurf – offenbar auch beeinflußt durch die Surrogationsbestimmungen des französischen *Code civil* und die zum Teil in der Literatur (fälschlicherweise) vertretene Auffassung, die dingliche Surrogation sei eine Errungenschaft des deutschen Rechts – zumindest im Grundsatz doch weitgehend dafür entschieden, bei den fremdverwalteten Sondervermögen neben der gesetzlichen Surrogation in Form der regelmäßigen Klausel auch eine rechtsgeschäftliche Surrogation mit dinglicher Wirkung dergestalt anzuordnen, daß ebenso das wiederum Sondervermögen wird, was mit Mitteln des Sondervermögens erworben wird (sogenannte „Mittelklausel").

Bei den eigenverwalteten Sondervermögen verblieb es bei der Anordnung von gesetzlicher Surrogation und Bewidmung mittels Beziehungsklausel.

Insoweit hat der altbekannte Satz *„in universalibus pretium succedit in locum rei, res in locum pretii"* jedenfalls bei den fremdverwalteten Sondervermögen des BGB eine Renaissance erfahren.

Daneben verschaffte das BGB – möglicherweise ebenfalls ermutigt durch die französische Literatur zum *Code civil* – der dinglichen Surrogation bei Einzelgegenständen entgegen der im gemeinen Recht vertretenen Ansicht, daß *„solum in universalibus iudiciis pretium succedit loco rei, in particularibus secus"*, in zahlreichen Fällen – offenbar aus Gründen der *aequitas* – ausdrücklich Anerkennung.

II. Ausblick

Das BGB hat keine gemeinschaftlichen Regeln über Sondervermögen sowie deren Erhaltung und Verwaltung aufgestellt. Die Prinzipien der Vermögenshaltung, von denen sich der Gesetzgeber leiten ließ – bei fremden Sondervermögen sollte zum Zweck der Vermögenserhaltung gesetzliche und rechtsgeschäftliche Surrogation gelten, bei eigenen Sondervermögen zum Zweck einer ordnungsgemäßen Vermögensverwaltung gesetzliche Surrogation und Bewidmung – haben lediglich in Einzelvorschriften und darüber hinaus zum Teil nur in modifizierter Form und unter Einschränkungen im BGB Ausdruck gefunden.

Bei einer künftigen Reform des Privatrechts wäre es daher zu begrüßen, wenn sich der Gesetzgeber dazu entschließen könnte, diese an einzelne Anwendungsfälle gebundenen Prinzipien zu befreien und als Rechtsgrundsätze zu verallgemeinern. Bestätigt wird die Notwendigkeit einer solchen Regelung gerade durch die bereits seit Inkrafttreten des BGB geführte und immer noch anhaltende Diskussion um die – jedenfalls nach hier vertretener Ansicht zu bejahende – Frage der analogen Anwendbarkeit der Surrogationsbestimmungen auf in der Interessenlage gleichliegende Fallgestaltungen.

Bei einer gesetzlichen Neuerung erschiene es außerdem ratsam, in den Fällen, in denen ein Sondervermögen in der Verwaltung des Nichteigentümers steht, wo also ein Eigentumserwerb des eigentlich Berechtigten, des Vermögenseigners, herbeigeführt werden soll (fremdes Sondervermögen), neben Anordnung gesetzlicher Surrogation rechtsgeschäftliche Surrogation und Bewidmung miteinander zu verknüpfen, so daß nicht nur das wiederum Sondervermögen wird, was der Nichteigentümer mit Mitteln dieses Vermögens erwirbt, sondern auch, was er durch ein sich auf das betreffende Vermögen beziehendes Rechtsgeschäft erwirbt, ohne Rücksicht darauf, woher die Mittel zum Erwerb stammen. Zum einen würde dadurch das fremdverwaltete – und deswegen besonders schutzwürdige – Vermögen durch Surrogation in seinem Bestand gesichert, zum anderen würde zudem durch die Möglichkeit der Bewidmung die ordnungsgemäße Verwaltung des Vermögens weitgehend erleichtert werden. Sinnvollerweise könnte dann z. B. eine nützliche Anschaffung, die der Verwalter auch ohne Einsatz von Mitteln des betreffenden Vermögens für dieses tätigt, diesem ohne weiteres zugeordnet werden. Ähnliches hat schon das römische Recht gekannt, indem es in die *hereditatis petitio* das einbezog, was im Interesse der *hereditas* vom Erbschaftsbesitzer angeschafft wurde. Für die vorgeschlagene Regelung spricht darüber hinaus, daß neuerdings der Gesetzgeber bei einigen spezialgesetzlich geregelten Treuhandverhältnissen sowohl all das als zum Treuhandvermögen gehörig betrachtet, was auf Grund eines zum Treuhandvermögen gehörenden Rechts oder als Ersatz für die Zerstörung, Beschädigung oder Entziehung eines zum Treuhandvermögen oder mit Mitteln des Treuhandvermögens erworben wird, als auch das, was durch ein Rechtsgeschäft erworben wird, das sich auf das Treuhandvermögen bezieht.

In den Fällen dagegen, in denen nicht eine Eigentumsübertragung im Vordergrund steht, sondern wo im Interesse einer ordnungsgemäßen Vermögensverwaltung lediglich festgelegt werden soll, ob ein Erwerb zu einem bestimmten Sondervermögen zu rechnen ist, das sich in der Hand des Eigentümers befindet (eigenes Sondervermögen), muß es jedoch nach wie vor dem Eigentümer überlassen sein, ob er jenen Erwerb, auch wenn er mit Mitteln des Sondervermögens getätigt wurde, diesem oder seinem sonstigen Vermögen zuordnen will. Hier sollte es daher auch in Zukunft dabei bleiben, daß zum Sondervermögen gehört, was auf Grund gesetzlicher Surrogation bzw. durch Rechtsgeschäft erworben wird, das sich auf das Sondervermögen bezieht. Nochmals betont sei, daß es auch für das geltende Recht – entgegen einer weitverbreiteten Auffassung – nicht zulässig ist, die Beziehungsklausel dahingehend zu interpretieren, daß sie eine dingliche Surrogation im Sinne der Mittelklausel beinhaltet; dies würde nach dem Gesagten eine zu starke Einschränkung der Verfügungsgewalt des Eigentümers bedeuten.

Schließlich und endlich täte der Gesetzgeber gut daran, in den Fällen, in denen mehrere Personen neben ihrem eigenen Vermögen ein Sondervermögen als Gesamthandsvermögen innehaben, dieses nicht, wie das geltende Recht dies vorsieht, als eigenes Sondervermögen zu behandeln, sondern den Regeln zu unterstellen, wie sie für fremde Sondervermögen vorgeschlagen wurden. Eine solche Regelung wäre deswegen angebracht, weil eben nicht ein alleiniger Eigentumserwerb des Handelnden, sondern ein Eigentumserwerb der Gesamthand herbeigeführt werden soll. Im Gegensatz zum geltenden Recht wäre dann, da ja nach hier vertretener Ansicht die Beziehungsklausel die Mittelklausel nicht umfaßt, zunächst wenigstens der Bestand solcher Vermögen durch dingliche Surrogation gesichert.

Quellen und Literatur

Accursius: Glossa in Digestum vetus, Neudruck Augustae Taurinorum 1969, Corpus Glossatorum Iuris Civilis VII (zit.: Glosse).

Alciatus, Andreas: De verborum significatione libri quatuor, Lugduni 1530.

Allgemeines Landrecht für die Preußischen Staaten von 1794 (Textausgabe), Frankfurt am Main/Berlin 1970 (zit.: ALR).

Arndts, Ludwig: Lehrbuch der Pandekten, 3. Aufl., München 1859.

Asmus, Wolfgang: Dogmengeschichtliche Grundlagen der Treuhand, Frankfurt am Main/Bern/Las Vegas 1977.

Aubry, C. et *Rau,* C.: Cours de droit civil français, Band VI, 4. Aufl. 1873 (zit.: Aubry et Rau).

Bartolus a Saxoferrato: Commentaria in Corpus Iuris Civilis, Venetiis 1570.

Baur, Fritz und *Stürner,* Rolf: Zwangsvollstreckungs-, Konkurs- und Vergleichsrecht, 11. Aufl., Heidelberg 1983 (zit. Baur / Stürner).

Das Bayerische Landrecht (Codex Maximilianeus Bavaricus Civilis) vom Jahre 1756 in seiner heutigen Geltung, hrsg. von Max Danzer, München 1894 (zit.: BayLR).

Bechmann, August: Das römische Dotalrecht, Band II, Erlangen 1867 (zit.: Bechmann II).

Bellermann, Wolfgang: Die Surrogation bei Veräußerung der Erbschaft durch den Erbschaftsbesitzer, Diss. Straßburg 1910.

Benöhr, Hans-Peter: Der Besitzerwerb durch Gewaltabhängige im klassischen römischen Recht, Berlin 1972.

Berolzheimer, Fritz: System der Rechts- und Wirtschaftsphilosophie, Band IV: Philosophie des Vermögens einschließlich des Handelsverkehrs, München 1907.

Beseler, Georg: System des gemeinen deutschen Privatrechts, 4. Aufl., Berlin 1885.

Beyer, Reinhard: Die Surrogation bei Vermögen im Bürgerlichen Gesetzbuche, Marburg 1905.

Birkmeyer, Karl: Über das Vermögen im juristischen Sinne, Erlangen 1879.

Bockemühl, Justus: Die Surrogationsformeln des Bürgerlichen Gesetzbuches, Diss. Köln 1958.

Boehmer, Gustav: Der Einfluß des Code Civil auf die Rechtsentwicklung in Deutschland, in: AcP 151 (1950/51), S. 289 ff.

Bonfante, Pietro: La successio in universum ius e l'universitas, in: Studi di diritto romano, di diritto moderno e di storia del diritto, Pubblicati in onore di Vittorio Scialoja, Band II, Milano 1905, S. 531 ff.

Brill, Alexander: Die Surrogationsbestimmungen des ehelichen Güterrechts im BGB, insbesondere die §§ 1370 und 1381, Diss. Tübingen 1903.

Brinz, Alois: Lehrgang der Pandekten, Band III, 2. Aufl., Erlangen 1886 (zit.: Brinz III).

Brox, Hans: Erbrecht, 6. Aufl., Köln/Berlin/Bonn/München 1979.

Das Bürgerliche Gesetzbuch mit besonderer Berücksichtigung der Rechtsprechung des Reichsgerichts und des Bundesgerichtshofes, Kommentar, 12. Aufl., Berlin/New York 1974 ff. (zit.: RGRK-Bearbeiter).

Bürgerliches Gesetzbuch für das Königreich Sachsen von 1863/65, Neudrucke privatrechtlicher Kodifikationen und Entwürfe des 19. Jahrhunderts, Band IV, Aalen 1973 (zit.: Sächs. BGB).

Buhrow, Gerhard: Die Surrogation im bürgerlichen Recht, Diss. Halle/Wittenberg 1923.

Cicero, Marcus Tullius: De re publica, in: Cicero. Staatstheoretische Schriften, lateinisch und deutsch von Konrat Ziegler, Darmstadt 1974.

Claus, Axel: Gewillkürte Stellvertretung im Römischen Privatrecht, Berlin 1973.

Code civil: siehe Les codes annotes . . .

Les codes annotes de Sirey, hrsg. von P. Gilbert, Band I: Code civil, Paris 1851.

Codex Theodosianus, Band I, 2. Halbband: Textus, 4. Aufl., hrsg. von Theodor Mommsen und Paul M. Meyer, Zürich 1971.

Coing, Helmut: Die Treuhand kraft privaten Rechtsgeschäfts, München 1973.

Conrad, Hermann: Deutsche Rechtsgeschichte, Band I: Frühzeit und Mittelalter, 2. Aufl., Karlsruhe 1962 (zit.: Conrad I).

Consmüller, Justus: Die Surrogation beim Vorbehaltsgut (§ 1370 BGB) und ihre Wirksamkeit dritten Personen gegenüber, Diss. Leipzig 1916.

Corpus Iuris Civils: Band I: Institutiones, Digesta, 22. Aufl., hrsg. von Theodor Mommsen und Paul Krüger, Zürich 1972.

Band II: Codex Iustinianus, 15. Aufl., hrsg. von Paul Krüger, Zürich 1970.

Band III: Novellae, 10. Aufl., hrsg. von Rudolf Schoell und Wilhelm Kroll, Zürich 1972.

Cuiacius, Iacobus: Opera omnia, Lutetiae Parisiorum 1658.

Czyhlarz, Karl Ritter von: Das römische Dotalrecht, Gießen 1870.

Demogue, René: Essai d'une théorie générale sur la subrogation réele, in: Revue critique de législation et de jurisprudence 30 (1901), S. 236 ff., 295 ff., 346 ff.

Dénoyez, Joseph: Le defendeur à la pétition d'hérédité privée en droit romain, Paris 1953.

Dernburg, Heinrich: Ueber das Verhältnis der hereditatis petitio zu den erbrechtlichen Singularklagen, Heidelberg 1852 (zit.: hereditatis petitio).

— Pandekten, Band III, 5. Aufl., Berlin 1897 (zit.: Dernburg III).

Dilcher, Hermann: Zur Einführung: Romanistische Mediävistik, in JuS 1966, S. 387 ff.

Eccius, M. E.: Theorie und Praxis des heutigen gemeinen preussischen Privatrechts. Auf Grundlage des Werkes von F. Förster, bearbeitet von M. E. Eccius, Band I, 7. Aufl., Berlin 1896 (zit.: Eccius I).

Eck, Ernst: Die Stellung des Erben, dessen Rechte und Verpflichtungen im Entwurfe eines Bürgerlichen Gesetzbuches für das Deutsche Reich, in: Beiträge zur Erläuterung und Beurtheilung des Entwurfes eines Bürgerlichen Gesetzbuches für das Deutsche Reich, hrsg. von E. J. Bekker und O. Fischer, Heft 17, Berlin 1890.

Entwurf eines Bürgerlichen Gesetzbuches für das Deutsche Reich, 1. Lesung, Amtl. Ausgabe, Berlin/Leipzig 1888 (zit.: E I).

Entwurf eines Bürgerlichen Gesetzbuches für das Deutsche Reich, 2. Lesung, auf amtl. Veranlassung, Berlin 1895 (zit.: E II).

Erman, Walter: Handkommentar zum BGB, Band II, 7. Aufl., Münster 1981 (zit.: Erman / Bearbeiter).

Ernst, Wilhelm: Die rechtliche Stellung des Surrogats in den Reichsgesetzen, Diss. Heidelberg 1908.

Faber: Die Vermögensmassen der Errungenschaftsgemeinschaft nach Württembergischem Recht und nach Reichsrecht. Ein Beitrag zur Lehre vom Einkommen, in: AcP 99 (1906), S. 161 ff. (zit.: Vermögensmassen).

Faber, Antonius: Codex Fabrianus, Coloniae Allobrogum 1765.

Feist, Otto: Das Prinzip der dinglichen Surrogation im Familien- und Erbrechte des bürgerlichen Gesetzbuches für das deutsche Reich, Diss. Tübingen 1903.

Ferid, Murad: Das Französische Zivilrecht, Band I und II, Frankfurt am Main/Berlin 1971 (zit.: Ferid I, II).

Fitting, Hermann: Das castrense peculium in seiner geschichtlichen Entwicklung und heutigen gemeinrechtlichen Geltung, Halle 1871.

Flach, J.: De la subrogation réele, in: RH 14 (1868), S. 448 ff., 551 ff. und 15 (1869), S. 369 ff., 497 ff.

Gai Institutionum Commentarii quattuor, in: FIRA II, S. 3 ff. (zit.: Gai.).

Genner, Albert: Das Surrogationsprinzip und seine Anwendung beim Sondergut und beim eingebrachten Frauengut des ZGB, Diss. Zürich 1932.

Georges, Karl Ernst: Ausführliches Lateinisch-Deutsches Handwörterbuch, Nachdruck der 8. Aufl. von Heinrich Georges, Band II, Basel/Stuttgart 1969 (zit.: Georges II).

Gierke, Otto von: Das deutsche Genossenschaftsrecht, Band II, photomechanischer Nachdruck, Graz 1954 (zit.: Genossenschaftsrecht II).

— Personengemeinschaften und Vermögensinbegriffe in dem Entwurfe eines Bürgerlichen Gesetzbuches für das Deutsche Reich, in: Beiträge zur Erläuterung und Beurtheilung des Entwurfes eines Bürgerlichen Gesetzbuches für das Deutsche Reich, hrsg. von E. J. Bekker und O. Fischer, Heft 18, Berlin 1889 (zit.: Personengemeinschaften).

— Deutsches Privatrecht, Band II, Leipzig 1905 (zit.: Privatrecht II).

Girsberger, Andreas: Die dingliche Surrogation. Der Begriff und seine praktische Bedeutung für das schweizerische Recht, Diss. Zürich 1955.

Glosse: siehe Accursius.

Glück, Christian Friedrich: Ausführliche Erläuterung der Pandecten nach Hellfeld, Zweyter Theil, Erlangen 1791 (zit.: Glück II).

Goden, Henning: Consilia, Budissinae 1563.

Hahn, C.: Die gesammten Materialien zu den Reichsjustizgesetzen, Band IV: Materialien zur Konkursordnung, Berlin 1881 (zit.: Hahn IV).

Handwörterbuch zur deutschen Rechtsgeschichte, hrsg. von Adalbert Erler und Ekkehard Kaufmann, Band I, II, III, Berlin 1971 ff. (zit.: HRG I, II, III).

Hasse: Ueber Universitas juris und rerum, und über Universal- und Sigular-Succession, in: AcP 5 (1822), S. 1 ff.

Heimbach (sen.): Art. Sache, in: Rechtslexikon für Juristen aller teutschen Staaten enthaltend die gesammte Rechtswissenschaft, hrsg. von Julius Weiske, Band IX, Leipzig 1855, S. 462 ff. (zit.: Sache).

Heimbach, Gustav Ernst und Karl Wilhelm Ernst: Basilicorum libri LX, Band I, II, III, Lipsiae 1833/40/43 (zit.: Heimbach I, II, III).

Henry, A.: De la subrogation conventionelle et légale, Thèse Nancy 1913.

Heumanns Handlexikon zu den Quellen des römischen Rechts, 9. Aufl., bearbeitet von E. Seckel, Jena 1914 (zit.: Heumann / Seckel).

Heusler, Andreas: Institutionen des Deutschen Privatrechts, Band II, Leipzig 1886 (zit.: Heusler II).

Höpfner, Ludwig Julius Friedrich: Theoretisch-practischer Commentar über die Heineccischen Institutionen, 7. Aufl., Frankfurt am Main 1803.

Holldack, Felix: Die Anwendung und Bedeutung des Grundsatzes: „Pretium succedit in locum rei" im bürgerlichen Gesetzbuch des Deutschen Reichs, in: GrünhutsZ 32 (1905), S. 557 ff.

Hübner, Rudolf: Grundzüge des deutschen Privatrechts, 3. Aufl., Leipzig 1919.

Jaeger, Ernst: Lehrbuch des Deutschen Konkursrechts, 8. Aufl., Berlin/Leipzig 1932.

— Konkursordnung mit Einführungsgesetzen, 8. Aufl., bearbeitet von Friedrich Lent und Friedrich Weber, Band I (§§ 1 – 70 KO), Berlin 1958 (zit. Jaeger / Lent).

Jörs, Paul und *Kunkel,* Wolfgang: Römisches Privatrecht, 3. Aufl., Berlin/Göttingen/Heidelberg 1949 (zit. Jörs / Kunkel).

Kaser, Max: Das Römische Privatrecht, Erster Abschnitt, 2. Aufl., München 1971 (zit.: RPR I).

— Das Römische Privatrecht, Zweiter Abschnitt, 2. Aufl., München 1975 (zit.: RPR II).

— Das Römische Zivilprozeßrecht, München 1966 (zit.: RZP).

— Über Verfügungsakte Gewaltunterworfener mit Studien zur Natur der „manumissio vindicta", in: SDHI 16 (1950), S. 59 ff. (zit.: Verfügungsakte).

— Die Passivlegitimation zur hereditatis petitio, in: SZ 72 (1955), S. 90 ff. (zit.: Passivlegitimation).

Kaufmann, Ekkehard, Deutsches Recht: Die Grundlagen, Berlin 1984.

Keller, Friedrich Ludwig von: Pandekten, Band I, 2. Aufl., Leipzig 1866 (zit.: Keller I).

Kipp, Theodor: Erbrecht, 13. Bearbeitung v. Helmut Coing, Tübingen 1978 (zit.: Kipp / Coing).

König, Hans-Herbert: Die vor der Ehe bestellte dos nach klassischem römischen Recht, in: SDHI 29 (1963), S. 151 ff.

Kötz, Hein: Trust und Treuhand. Eine rechtsvergleichende Darstellung des anglo-amerikanischen trust und funktionsverwandter Institute des deutschen Rechts, Göttingen 1963.

Kohler, Josef: Besprechung von Franz Schröder, Das Commodum bei der Erbschaftsklage (1876), in: Kritische Vierteljahrsschrift für Gesetzgebung und Rechtswissenschaft 19 (1877), S. 498 ff. (zit. Bespr. Schröder).

— Zwölf Studien zum Bürgerlichen Gesetzbuch. VI. Das Vermögen als sachenrechtliche Einheit, in: ArchBürgR 22 (1903), S. 1 ff. (zit.: Vermögen).

— Sozial- und Individualgedanken im Rechtserwerb, in: Archiv für Rechts- und Wirtschaftsphilosophie 10 (1916/17), S. 56 ff. (zit.: Rechtserwerb).

Kommission zur Ausarbeitung des Entwurfs eines bürgerlichen Gesetzbuchs, Entwurf eines Familienrechts für das Deutsche Reich, Vorlage des Redaktors Planck, Berlin 1880 (zit.: TE FamR).

Das Landrecht des Sachsenspiegels, hrsg. von Karl August Eckhardt, Göttingen 1955 (zit.: Ssp.).

Lange, Heinrich und *Kuchinke,* Kurt: Lehrbuch des Erbrechts, 2. Aufl., München 1978 (zit.: Lange / Kuchinke).

Lappe, Werner: Aufrechnung bei Rechtsgeschäften mit Surrogation nach § 1381 BGB und verwandten Fällen des Familien- und Erbrechts, Diss. Köln 1938.

Lauterbach, W. A.: Collegium theoretico-practicum Pandectarum, editio tertia, pars secunda, Tubingae 1723.

Lehmann, Burkhard: Das Eigenvermögen der römischen Soldaten unter väterlicher Gewalt, in: Aufstieg und Niedergang der römischen Welt, II. Prinzipat, Band 14, hrsg. von Hildegard Temporini, Berlin/New York 1982, S. 183 ff.

Lenel, Otto: Das Edictum perpetuum, 3. Aufl., Leipzig 1927 (zit.: Edictum).

— Palingenesia iuris civilis, Band I, Leipzig 1889 (zit.: Palingenesie I).

Leonhard, Rudolf: Der Erbschaftsbesitz, Jena 1899.

Lévy, Jean Philippe: Les ventes dans la Bible, le transfert de propriété et le Prinzip der notwendigen Entgeltlichkeit, in: Mélanges Meylan, Band II, Lausanne 1963, S. 157 ff.

Liebich, Dieter und *Mathews,* Kurt: Treuhand und Treuhänder in Recht und Wirtschaft, 2. Aufl., Herne/Berlin 1983 (zit.: Liebich / Mathews).

Liebs, Detlef: Lateinische Rechtsregeln und Rechtssprichwörter, München 1982 (zit.: Rechtsregeln).

— Gemischte Begriffe im römischen Recht, in: Index 1 (1970), S. 143 ff. (zit.: Begriffe).

Lindenberg, Ernst: Die dingliche Surrogation bei Vermögen im Bürgerlichen Gesetzbuch, Diss. Heidelberg 1912.

Longo, Gianetto: L'Hereditatis petitio, Padova 1933.

Lopau, Eberhard: Besprechung von Dieter Strauch, Mehrheitlicher Rechtsersatz (1972), in: AcP 174 (1974), S. 419 f.

Mandry, Gustav: Ueber Begriff und Wesen des Peculium, Tübingen 1869 (zit.: Peculium).

— Das gemeine Familiengüterrecht mit Ausschluß des ehelichen Güterrechts, Band II, Tübingen 1876 (zit.: FGR II).

Mayno, Jason de: In primam Infortiati partem commentaria, Lugduni 1508.

Meyer, Arnulf: Das Relativgeschäft, ein Rechtsgeschäft, das sich auf ein Sondervermögen bezieht, Diss. Würzburg 1905.

Mitteis, Heinrich: Besprechung von Fritz Pringsheim, Der Kauf mit fremdem Geld (1916), in: SZ 37 (1916), S. 369 ff.

Motive zu dem Entwurfe eines Bürgerlichen Gesetzbuches für das Deutsche Reich, Band III, IV, V, Berlin/Leipzig 1888 (zit.: Motive III, IV, V).

Mühlenbruch: Ueber die s. g. juris und facti universitates, in: AcP 17 (1834), S. 321 ff.

Münchener Kommentar zum Bürgerlichen Gesetzbuch, München 1977 ff. (zit.: MünchKomm-Bearbeiter).

Neuhaus, Adolf Engelbert: Das Surrogationsprinzip im Bürgerlichen Gesetzbuch, Diss. Erlangen 1934.

Niederländer, Hubert: Die Bereicherungshaftung im klassischen römischen Recht, Weimar 1953.

Opfermann, Norbert: Der Surrogationsgedanke in der neueren Rechtsentwicklung, Diss. Göttigen 1946.

Ostermeyer, Willi: Bedeutung und Anwendungsfälle des Grundsatzes „pretium succedit in locum rei" nach dem Recht des BGB, Diss. Greifswald 1905.

Oswald, Hans: Das Prinzip der dinglichen Surrogation und seine Geltung im Erbrecht des Zivilgesetzbuches, Diss. Basel 1937.

Palandt: Kurzkommentar zum Bürgerlichen Gesetzbuch, 44. Aufl., München 1985 (zit.: Palandt / Bearbeiter).

di Paola, Santi: Saggi in materia di hereditatis petitio, Milano 1954.

Pernice, Alfred: Labeo. Römisches Privatrecht im ersten Jahrhundert der Kaiserzeit, Teil A, Band I, Halle 1873 (zit.: Pernice I).

Petschow, Herbert: Der Surrogationsgedanke im neubabylonischen Recht, in: RIDA 3e Série 1 (1954), S. 125 ff.

Planck, G.: Kommentar zum Bürgerlichen Gesetzbuch, Band V, 3. Aufl., Berlin 1908 (zit.: Planck / Bearbeiter).

Planitz, Hans: Grundzüge des deutschen Privatrechts, Berlin 1925.

Pringsheim, Fritz: Der Kauf mit fremdem Geld. Studien über die Bedeutung der Preiszahlung für den Eigentumserwerb nach griechischem und römischem Recht, Leipzig 1916 (zit.: Kauf).

— The Greek Law of Sale, Weimar 1950 (zit.: Sale).

— Eigentumsübergang beim Kauf, in: SZ 50 (1930), S. 333 ff. (zit. Eigentumsübergang).

Protokolle der Ersten Kommission zur Ausarbeitung des Entwurfs eines Bürgerlichen Gesetzbuches für das Deutsche Reich (metallographiert) (zit.: Prot. 1. Kommission).

Protokolle der Kommission für die zweite Lesung des Entwurfs des Bürgerlichen Gesetzbuches, Band IV, V, VI, Berlin 1897/99 (zit.: Prot. IV, V, VI).

Puchta, Georg Friedrich: Cursus der Institutionen, Band II, 8. Aufl., Leipzig 1875 (zit.: Cursus II).

— Von dem Grundsatz: res transit in locum pretii, pretium in locum rei, in: Vorlesungen über das heutige römische Recht, Band I, Beilage 16, Leipzig 1854, S. 492 ff. (zit.: Vorlesungen I).

Raasch, Fritz: Das Surrogationsprinzip bei der Erbschaftsklage, Diss. Göttingen 1903.

RGRK: siehe Bürgerliches Gesetzbuch . . .

Roskothen: Gesamthänderischer Erwerb innerhalb der Erbengemeinschaft, in: JW 1937, S. 2955 f.

Roßmann, D.: Ob der Werth an die Stelle der Sache trete? in: Erlangische gelehrte Anzeigen, Nr. 24, 1749, S. 185 ff.

Rust, Hilmar Friedrich: Die dingliche Surrogation im französischen Zivilrecht, Diss. München 1965.

Sachsenspiegel: siehe Landrecht des Sachsenspiegels.

Sächsisches BGB: siehe Bürgerliches Gesetzbuch für das Königreich Sachsen.

Saleilles: Anmerkung zu Urteil Cour von Dijon vom 30. 6. 1893, in: Recueil Sirey 17 (1892/93), Teil II, S. 295 ff.

San Nicolò, Marian: Einiges aus neubabylonischen Rechtsurkunden, in: SZ 49 (1929), S. 24 ff.

Sauter, Heinz: Die Surrogation im BGB, Begriff und Rechtswirkung, Diss. Erlangen 1934.

Savigny, Friedrich Carl von: System des heutigen Römischen Rechts, Band I, Berlin 1840 (zit.: Savigny I).

Scherer, August: Erklärung des Satzes: Res succedit in locum pretii et pretium in locum rei, Diss. Göttingen 1890.

Schindler, Karl-Heinz: Die Bedeutung der Kaufpreiszahlung im nachklassischen römischen Recht, in: Festschrift für Konrad Duden, München 1977, S. 555 ff.

Schmitt, Ernst: Die Surrogation im bürgerlichen Gesetzbuch, Diss. Gießen 1902.

Schönbauer, Ernst: Zur Frage der Eigentumsüberganges beim Kauf, in: SZ 52 (1932), S. 195 ff.

Scholia Sinaitica ad Ulpiani libros ad Sabinum, in: FIRA II, S. 635 ff. (zit.: Scholia sinaitica).

Schröder, Franz: Das Commodum bei der Erbschaftsklage, Heidelberg 1876 (zit.: Commodum).

Schröder, Richard: Das Familiengüterrecht in dem Entwurfe eines Bürgerlichen Gesetzbuches für das Deutsche Reich, in: Beiträge zur Erläuterung und Beurtheilung des Entwurfes eines Bürgerlichen Gesetzbuches für das Deutsche Reich, hrsg. von E. J. Bekker und O. Fischer, Heft 15, Berlin 1889.

Schulte, Ferdinand: Inwiefern unterscheidet sich der Satz res succedit in locum pretii et pretium in locum rei in der Erbschaftsklage und der Dotalklage? Diss. Erlangen/ Bückeburg 1897.

Schulz, Fritz: Klagen-Cession im Interesse der Cessionars im klassischen römischen Recht, in: SZ 27 (1906), S. 82 ff.

Schwarz, Fritz: Studien zur hereditatis petitio, in: TR 24 (1956), S. 279 ff.

Seidl, Erwin: Einführung in die ägyptische Rechtsgeschichte bis zum Ende des Neuen Reiches, Glückstadt 1957 (zit.: Einführung).

— Ägyptische Rechtsgeschichte der Saiten- und Perserzeit, 2. Aufl., Glückstadt 1968 (zit.: Ägyptische Rechtsgeschichte).

Serick, Rolf: Eigentumsvorbehalt und Sicherungsübertragung, Band II, Heidelberg 1965 (zit.: Serick II).

Seuffert, Johann Adam: Praktisches Pandektenrecht, Band I, 3. Aufl., Würzburg 1852 (zit.: Seuffert I).

Siber, Heinrich: Das Verwaltungsrecht am fremden Vermögen, in: JherJb 67 (1917), S. 81 ff.

Siebert, Wolfgang: Das rechtsgeschäftliche Treuhandverhältnis, Marburg 1933 (zit.: Treuhand).

— Art. Testamentsvollstrecker, in: Rechtsvergleichendes Handwörterbuch für das Zivil- und Handelsrecht des In- und Auslandes, hrsg. von Franz Schlegelberger, Band VI, Berlin 1938, S. 561 ff. (zit.: Testamentsvollstrecker).

Sintenis, Carl Friedrich Ferdinand: Das practische gemeine Civilrecht, Band I, 2. Aufl., Leipzig 1860 (zit.: Sintenis I).

Soergel, Hs. Th.: Kommentar zum Bürgerlichen Gesetzbuch, 11. Aufl., Stuttgart/Berlin/Köln/Mainz 1978 ff. (zit. Soergel / Bearbeiter).

Sontis, Johannes M.: Die Digestensumme des Anonymus, I. Zum Dotalrecht, Heidelberg 1937.

Spindler, Paul: Die dingliche Surrogation bei Gesellschaftsvermögen, im Familien- und Erbrecht nach dem BGB, Diss. Straßburg 1914.

Staudinger, J. von: Kommentar zum Bürgerlichen Gesetzbuch, 12. Aufl., Berlin 1978 ff. (zit.: Staudinger / Bearbeiter).

Strauch, Dieter: Mehrheitlicher Rechtsersatz. Ein Beitrag zur „dinglichen Surrogation“ im Privatrecht, Bielefeld 1972.

Strohal, Emil: Das deutsche Erbrecht auf Grundlage des Bürgerlichen Gesetzbuchs, Band II, 3. Aufl., Berlin 1904 (zit.: Strohal II).

Struve, Georg Adam: Syntagma Jurisprudentiae, pars prima, editio tertia, Francofurti et Lipsiae 1738.

Stryk, Samuel: Examen juris feudalis, 1719.

Sturm, Fritz: Besprechung von Sandro Schipani, Responsabilità del convenuto per la cosa oggeto di azione reale (1971), in: SZ 90 (1973), S. 440 ff.

Teilentwurf Familienrecht: siehe Kommission zur Ausarbeitung . . .

Thibaut, Anton Friedrich Justus: System des Pandektenrechts, Band I, Jena 1805 (zit.: Thibaut I).

Thiele: Studien zum ehelichen Güterrecht des BGB. Die Surrogation nach den §§ 1381, 1382 BGB, in AcP 91 (1901), S. 1 ff.

Tuhr, Andreas von: Der Allgemeine Teil des Deutschen Bürgerlichen Rechts, Band I, Leipzig 1910 (zit.: von Tuhr I).

Ulpiani liber singularis regularum, in: Collectio librorum iuris anteiustiniani, hrsg. von Paul Krüger, Berlin 1878 (zit.: Ulp. lib. sing. regul.).

Unger, Hans: Die Aufgaben der dinglichen Ersetzung (Surrogation) für die Sonderung des Nachlasses im Erbrecht des BGB, Diss. Halle 1935.

Unzner, Karl von: Art. Surrogation, in: Handwörterbuch der Rechtswissenschaft, hrsg. von F. Stier-Somlo und A. Elster, Band V, Berlin/Leipzig 1928, S. 830 ff.

Vangerow, Karl Adolph von: Lehrbuch der Pandekten, Band I, 7. Aufl., Marburg/ Leipzig 1865 (zit.: Vangerow I).

Viebig, Helmut: Das Surrogationsprinzip und unser BGB, Diss. Leipzig 1933.

Wächter, Carl Georg: Erörterungen aus dem Römischen, Deutschen und Württembergischen Privatrecht, Erstes Heft, Stuttgart 1845 (zit.: Erörterungen).

— Pandekten, hrsg. von W. v. Wächter, Band I, Leipzig 1880 (zit.: Wächter I).

Waller, Alfred: Surrogation. Eine Studie aus dem modernen Privatrecht unter besonderer Berücksichtigung der juristischen Bedeutung des Problems der Einheit und Identität, Diss. Bonn 1904.

Wecker, Fritz: Die Grundpfandrechte und die Surrogation in der Zwangsversteigerung, Stuttgart 1937.

Wengler, Wilhelm: Art. Surrogation, in: Rechtsvergleichendes Handwörterbuch für das Zivil- und Handelsrecht des In- und Auslandes, hrsg. von Franz Schlegelberger, Band VI, Berlin 1938, S. 446 ff.

Wieacker, Franz: Privatrechtsgeschichte der Neuzeit, 2. Aufl., Göttingen 1967.

Windmüller, Edgar: Die Bedeutung und Anwendungsfälle des Satzes: pretium succedit in locum rei, res in locum pretii nach gemeinem Recht und BGB, Diss. Leipzig 1902.

Windscheid, Bernhard: Lehrbuch des Pandektenrechts, Band III, 9. Aufl., bearbeitet von Theodor Kipp, Frankfurt am Main 1906 (zit.: Windscheid / Kipp III).

Wolf, Manfred: Prinzipien und Anwendungsbereich der dinglichen Surrogation, in: JuS 1975, S. 643 ff., 710 ff. und JuS. 1976, S. 32 ff.

Wolff, Hans Julius: Zur Stellung der Frau im klassischen römischen Dotalrecht, in: SZ 53 (1933), S. 297 ff.

Zimmermann: Beitrag zur Lehre von der hereditatis petitio, in: AcP 29 (1846), S. 212 ff.

FSC
www.fsc.org
MIX
Papier | Fördert
gute Waldnutzung
FSC® C083411

Kolibri 360 GmbH
Ferdinand-Jühlke-Straße 7
99095 Erfurt, Deutschland
produktsicherheit@kolibri360.de

Druck:
CPI Druckdienstleistungen GmbH
im Auftrag der
Kolibri 360 GmbH
Ferdinand-Jühlke-Str. 7
99095 Erfurt